ID0638232

LA FAMILIA
GRANDE

Camille Kouchner

LA FAMILIA GRANDE

Éditions du Seuil

Certains prénoms ont été changés par l'auteur.

ISBN 978-2-7578-9283-1

© Éditions du Seuil, 2021

À Marie-France.
Pour Tasio, Elsa et Elias,
et tous leurs cousins et cousines.

« Et mon cœur est soumis,
mais n'est pas résigné. »

Victor Hugo, « À Villequier »,
in *Les Contemplations*

I

Ma mère est morte le 9 février 2017. Toute seule à l'hôpital de Toulon. Dans son dossier médical, il est indiqué : « elle décède en présence de ses proches », mais aucun de ses enfants n'était là.

Ma mère, toute petite dans son lit d'hôpital, est morte sans moi. Et je dois vivre avec.

Trois semaines auparavant, elle avait appris qu'elle avait un cancer. Trois semaines d'examens qui ont mené à cette décision absurde : on l'opère. Une segmentectomie basale, on retire la tumeur. Soyez tranquilles. Elle m'avait écrit : « Ne t'inquiète pas, je ne suis pas seule. »

Ma mère s'est échappée. On a arrêté ses soins, appellation vaine, sans me demander mon avis, sans attendre que je vienne lui tenir la main. On a arrêté ses souffrances en lui arrachant le cœur. On l'a empêchée d'entendre les mots de ses enfants, mots d'apaisement ou de courage, mots d'au revoir, mots d'amour. Ma mère s'est laissée mourir, loin de moi.

J'écris ces mots des années plus tard. J'écris « ma mère est morte » mais, à ce moment précis, je ne ressens pas son absence. Bien sûr, j'ai la gorge nouée, les larmes affleurent, mais l'arrachement est irréel.

Ma mère, je l'ai perdue mille fois, cette fois-ci je ne la perdrai pas.

*

Ses yeux, peut-être.
« Les yeux. Est-ce qu'on peut prendre ses yeux ? » Je renvoie la question à mes frères. Échanges de textos. « Visiblement, tout est pourri sauf les yeux. Les poumons, le cœur, le foie, personne n'en veut. Mais les yeux, ils les prendraient bien. Vous êtes OK ? On refile les yeux de maman ? Et puis, qu'est-ce qu'on fait ? Luz demande si on est d'accord pour qu'elle soit enterrée à Sanary. On dit quoi ? C'est ce qu'elle aurait voulu, non ? » Plus le temps de réfléchir. Répondre immédiatement, pour faire céder les questions, qu'elles cessent. « Oui, oui, OK, si tu crois que c'est bien, oui, oui, OK. »

De la montagne où je me suis éloignée, je règle les derniers détails de l'enterrement de ma mère. Luz, ma petite sœur, est à l'hôpital, à Toulon. Au téléphone, elle m'explique : « Jean et pull à capuche bleu ciel qu'elle aimait bien. T'en penses quoi ? T'imagines s'ils lui mettent une culotte ? Je leur dirais : "Pas question ! Ma mère n'a jamais porté de culotte ! Vous êtes dingues ou quoi ! On vérifiera !" »

On le sait, Luz et moi, cette histoire de culotte, ça fait de nous des orphelines particulières. Pour nous, les filles, perdre notre mère, c'est la crainte de voir se dissoudre ces souvenirs-là. C'est risquer d'oublier un jour l'image d'elle, accroupie dans les herbes de Sanary, poussant des soupirs de bonheur. Tous les soirs, « Les enfants, c'est l'heure du pipi dans l'herbe ! », pour dire « On va se coucher ». Sur le chemin de la Ferme, toujours au même endroit, « le cul à l'air, toutes ensemble, quel délice ! Profitez des brindilles, les filles ! Quelle chance de ne pas être un mec ! ». Entre ma sœur et moi, un langage commun, des regards échangés pour demain, pour la vie d'après avec nos filles, faudra essayer. Rester des sans-culottes !

*

J'ai laissé mes enfants à leur père. Je descends dans le Sud avec mon frère Victor. Direction Toulon.

Dans le TGV, les cris des petits, les téléphones portables, les gens qui déjeunent, l'agitation. 42 ans, tous les deux face à face, mon jumeau et moi, nous ne nous parlons qu'avec les yeux : Tu crois qu'on va y arriver ? Je t'aime. Je suis là. Qu'est-ce qu'on fout là ? Le pire jour de notre vie est arrivé.

Victor conduit jusqu'à Sanary. Hôtel La Farandole au bout de la corniche, juste après la plage des « pieds dans l'eau », celle où, petite, je me suis fait piquer par une méduse. Cet hôtel, on l'a toujours vu. De loin, il nous a toujours impressionnés. Je me suis dit que ce serait bien, qu'on avait un lieu où aller.

La veille, j'ai appelé la réception. « Pour combien de nuitées ? » Voyons… Aller à l'hôpital pour vérifier que c'est bien notre mère qu'on enterre, récupérer ses affaires, dormir. Une nuitée. L'enterrer, repartir. Inutile de prendre racine. « Une nuitée seulement, s'il vous plaît. » Une phrase que j'aurais préféré ne jamais avoir à prononcer. Accent chantant du Sud, sourire au bout du fil : « C'est un petit séjour, alors. Vous venez pour affaires ? » Un « Non » suffira. Comment dire, sinon ?

*

On arrive. On s'installe. On repart. Faut pas traîner. Direction l'hôpital Sainte-Musse de Toulon. On y retrouve Colin et Luz, mon grand frère et ma petite sœur.

Pas franchement fringants, pas tout à fait frais, largement paumés, mais, pour une fois, rassemblés. Accolades et silence. Regards suspendus. Inutilité des mots. Le ciel lourd. Chacun guette sans doute la réaction de l'autre, personne ne sait faire avec cette peine. On se sourit très doucement.

Comme un groupe de rock reformé, un peu décrépit, on déambule dans l'hôpital, on cherche la morgue.

On y est. Un « Et vous êtes ? » nous explose en pleine tête.

Les mots se détachent de ma bouche, ma langue frappe contre mon palais. On m'entend à peine. « Les enfants de Mme Pisier. On est ses enfants. »

Le planton garde le même ton, lui aussi a l'air crevé : « Elle n'est pas là. Non, pas chez moi. Pas de Mme Pisier. Je n'ai pas de Mme Pisier. Je suis désolé. » Voilà qui est osé. Ma sœur tente autre chose, son nom de femme mariée. Trouvée, notre mère égarée ! Suffisait de changer d'identité. « Vous pouvez entrer. J'ai tenté de l'arranger mais c'était pas gagné… » En effet.

J'ai eu tellement peur d'entrer dans cette pièce. J'ai eu tellement peur qu'elle soit réveillée, peur qu'elle soit défigurée, peur qu'elle refuse de m'entendre lui parler, peur de ne pas réussir à pleurer, peur qu'elle oublie que j'étais sa fille et qu'elle m'interdise de l'approcher.

Chacun son tour, l'un après l'autre, on est allés vérifier. Quoi ? Je ne sais pas. Chacun d'entre nous est entré, a pleuré, et puis s'est éloigné. Moi je l'ai embrassée beaucoup, beaucoup, énormément, sa peau si douce et glacée, et puis je lui ai demandé pardon. Longuement.

*

Où est l'ascenseur, le service d'oncologie ?

Dans l'hôpital, des zombies qui cherchent les affaires de leur mère.

Cette fois-ci, on ne se trompe pas. « On vient récupérer les affaires de la mariée. » Un groupe de rock au taquet !

Une jeune infirmière pousse un chariot sur lequel est posé un énorme sac-poubelle : « Voilà, j'ai rien trouvé de mieux. Merci de regarder de suite si ses affaires sont toutes là. » Le sort tombe sur le plus vieux.

Colin ouvre le sac. Violents effluves du parfum de notre mère. Rockers complètement shootés. Pas marrant, le décompte. Commençons.

Notre frère attrape un premier objet et nous regarde, embarrassé. « Une télécommande ? C'est quoi cette télécommande ? » La vingtaine à peine, le Midi enthousiaste met fièrement fin à nos inter-rogations : « C'est la politique de l'hôpital. » Grand sourire. « La télécommande suit le patient. Elle est où, votre maman ? » Mes frères, ma sœur et moi, pour une fois en chœur, nos cœurs écœurés : « Elle est morte ! Combien de fois il faut le répéter ! »

Bon, allez… Son téléphone, ses fringues, son ordinateur, des livres… Il est tard, allons-nous-en, demain, grosse journée !

Nous dînons sur la plage. À table, ce qu'il reste de nous : un aîné, Colin, deux jumeaux, Victor et moi, deux adoptions, Luz et Pablo. Cinq en tout. Fierté de ma mère : « Cinq enfants, deux accou-chements. Qui dit mieux ? ! » Un groupe de rock un peu cabossé.

Ma cousine Rose est là aussi. Demain, elle assis-tera à l'ouverture du caveau familial. Timothée, son frère, a préféré ne pas venir. Je le comprends. Marie-France, leur mère, enterrée là, se retrouvera au grand air. Avait-on le choix ? Les sœurs Pisier ont épousé des cousins germains. Quelle connerie, tout de même, d'avoir accepté de les laisser si loin de leur propre mère et de Paris ! Si loin de nous. Dans le caveau de la famille de leur mari. Qu'est-ce qui nous a pris ?

Grande tablée au resto. Les copains de ma sœur sont quasiment tous là, ceux qu'elle appelle « mes couz ». Ses « cousins », enfants des copains de ma mère. Ils sont doux, gentils et tristes. Ils sont là, avec nous, mais je ne les entends pas. Le père de Rose passe aussi. Mon oncle vient nous embrasser.

*

Le lendemain, jean et gros pull. S'extirper de La Farandole. Retourner à la morgue avec mes frères et ma sœur. Aller chercher notre mère.

Avant cela, Colin, Victor et moi demandons l'autorisation de passer à la propriété, à la Plaine du Roi, dernière demeure maternelle. On a une heure. On peut aller dans sa chambre, mais on est préve-nus : « Tout ou presque a déjà été distribué. »

Une heure dans la propriété, une heure dans la chambre de notre mère à l'étage, ses amis sur la ter-rasse, attablés, qui ne nous voient pas et continuent de discuter.

Une heure dans la propriété, enfermés dans cette chambre comme des cambrioleurs, des rapaces qui viendraient tout fouiller.

Une heure dans la propriété, pendant laquelle mes frères cherchent des souvenirs de notre mère. Plus aucune photo, plus aucune lettre.

Je prends un pull, un T-shirt, son parfum, deux trois broches en toc.

Cette fois pour toujours, quitter la propriété.

On file à la morgue. À nouveau, se dépêcher. Convoi des cinq enfants.

Dans la petite pièce aseptisée où pour la dernière fois je touche la peau de ma maman, la vie lente encore s'étire. Gilles, le frère de ma mère, et Cécile, son amoureuse, avec nous, dans le silence, sont venus fermer le temps. Chacun prend le bras de l'autre. L'air est rare. La pièce est minuscule pour cinq enfants et deux survivants. Une branche de mimosa dans le cercueil. Le planton fatigué nous interroge : « J'imagine que le mimosa part avec madame... »

Silence dans la voiture. Toulon-Sanary. On suit le corbillard. Prudemment.

L'autoroute de l'Esterel. Ma mère la détestait tellement. Petits, elle venait nous chercher près de Fayence, où nous passions le mois de juillet avec notre père. Rares moments où elle conduisait sur de longues distances. Bien obligée. Elle organisait le voyage comme un jeu : première étape, jusqu'à l'entrée de l'autoroute ; deuxième étape, le péage de sortie ; troisième étape, arrivée à Sanary. À chaque fois, trophées-baisers. Pendant tout le trajet, comme un rituel, Alain Souchon martyrisé par nos voix enjouées, libérées de l'avoir retrouvée : « On avance à rien dans ce canoë… Tu ne pourras jamais tout quitter, t'en aller… » Canon professionnel ! Et enfin l'arrivée à la propriété. « C'est gagné ! Votre mère est une championne. Quelle chance vous avez ! » Quel soulagement surtout qu'elle soit venue nous chercher.

*

Cimetière de la Guicharde. Avec Colin, pipi dans l'herbe, arrêtez tout ! Et puis un pied devant l'autre. Descendre la rue, passer le rond-point. Les voir, au loin. Se rapprocher. Les amis de ma mère. Une masse. Ces gens qui, pour la plupart, à un moment, ont été mes parents : Luc, Zazie, Janine, Geneviève, Jean… mon père. Ils ont l'air occupé, s'embrassent et s'enlacent, mais restent détachés de nous, sur le côté.

Pour moi, personne. Mes amis, nulle part. Je n'ai pas eu le temps de leur dire. Leur dire ma peine et ma terreur, mon cœur en feu et la glace dans mes os. Leur dire le vertige qui serait le mien, ce cauchemar de descendre l'allée du cimetière, d'y croiser le regard de ces gens que j'ai tant aimés et qui se sont éloignés. Comment pouvais-je savoir, moi ? On n'enterre sa mère qu'une fois.

À l'entrée du cimetière, je me perds dans quatre mètres carrés. Dans mon œil, un parterre de corps désordonnés. J'en bouscule un. Je lève la tête. J'embrasse Luc, surpris et peut-être attendri. Luc a rencontré ma mère à l'université. Philosophie et science politique. Luc me connaît depuis longtemps. Il m'envoie un « Te voilà, mon p'tit lapin » qui, l'espace d'une seconde, me fait beaucoup de bien. Je le prends dans mes bras, pour tenter de l'apaiser lui aussi.

Je cherche quoi faire. Je cherche mes frères. Je suis terrifiée. Comme si j'avais foiré l'organisation du concert et qu'ils étaient tous là à m'attendre avec des tomates et des quolibets. Autour de moi, on s'écarte. Dans un silence sourd et hostile, la foule préfère me faire de l'air. Rien à faire. J'étouffe, comme ma mère.

Le corbillard prend l'allée centrale. Il est temps d'y aller. J'attrape le bras de Pablo, mon petit frère, je prends celui du grand, de l'autre côté. En ligne, on se serre. Victor, Luz, Colin, moi et Pablo. Esseulés. On avance. ¡ *Adelante* ! Derrière nous, personne. Cette masse de gens qui ne sont plus personne, cette masse comme s'il n'y avait personne. Cette masse de gens, comme une liste de prénoms.

Au milieu de ce rien, au loin, le mari de ma mère, le père de Luz et Pablo, se suspend au bras de Boris. Il s'arrime à l'amoureux de sa fille. Entourés de certains des amis d'hier et de ceux d'aujourd'hui, au cœur de l'allée, les deux hommes marchent comme des mariés.

La mort devant, la mort derrière. À l'avant de la procession, notre groupe de rock avance lentement. Comme dans un slow, frères et sœurs collés. On rit entre trois sanglots. Pour se faire du bien. Pour surtout ne pas tomber. « Qui a pensé à la télécommande ? Déconnez pas ! *Les Feux de l'amour* ! Faut absolument qu'elle puisse mater la télé », « Merde, on n'a pas vérifié la culotte ! T'imagines s'ils lui ont mis un soutien-gorge ? », « Le mimosa, c'est qui, si c'est pas toi ? ».

Le corbillard s'arrête. La masse derrière nous se déploie, en face et sur les côtés. Comme des Indiens sur la colline, prêts, au moindre signal, à attaquer la diligence.

Nous restons seuls, tous les cinq, à côté du cercueil de notre mère, tout près de notre tante dont le caveau est grand ouvert. Ma cousine approche, on se serre encore. Je dis : « Ma maman m'appelait "mon Camillou". Qui m'appellera "mon Camillou", maintenant ? »

*

Comme en lévitation, j'assiste à cette cérémonie sans y participer. Je pense à mes enfants. Dans ma tête, j'essaye d'entendre leurs voix : « Maman, pourquoi on n'est pas là ? » Je m'accroche vainement à mes frères, comme s'ils pouvaient se substituer à eux.

Un Monsieur Loyal ouvre les hostilités : « Julien Clerc, comme l'ont voulu ses enfants, suivi d'une prise de parole des amis de la défunte… »

« On s'en fout, ma Doudou, on s'en fout [...] /
Un beau jour / On mourra, ma Doudou [...]. »

Mon regard se porte vers ces gens unis et loin de
nous. On dirait qu'ils appellent quelque chose, on
dirait qu'ils attendent que je m'effondre, on dirait
qu'ils voudraient que l'on regrette et que l'on dis-
paraisse.

Les discours sont vides, ceux qui les pro-
noncent hypocrites ou mal renseignés. Ma mère
et la science politique, ma mère et la direction du
Livre, ma mère et son féminisme, ma mère et la
liberté sexuelle... Tellement long, tellement con.
Celle qui nous fait la leçon « dans l'espoir, dit-elle,
de nous aider à mieux comprendre » qui était notre
mère débite un laïus égocentré et mal écrit. Mes
frères et moi trépignons, Pablo quitte les rangs.
Tout est faux, sans aucun intérêt. Affadi, décharné.
À désespérer.

La cérémonie prend fin. Enfin.

Luz, Pablo, la plupart des amis de ma mère
retournent à la Plaine du Roi, à la maison. Un hom-
mage, à leur manière, y est sans doute organisé.
Colin, Victor et moi rentrons à Paris. Chacun de son
côté. Groupe de rock éphémère. Je prends le train
de nuit de 22 heures. Avant cela, un dernier verre,
sur le port de Sanary, au Nautique, son bar préféré.

*

À l'enterrement de ma mère, le souvenir des
fleurs partout et de ces gens que j'ai longtemps

aimés. À l'enterrement de ma mère, le souvenir de ces gens au loin, qui ne se sont pas approchés. Ceux de l'enfance, du Sud, de la famille recomposée. La *familia grande*.

Quand j'étais petite, ma mère m'incitait à l'appeler par son prénom : Évelyne. « Évelyne, Andrée, Thérèse, Antoinette. Tu te rends compte ? Andrée ! » Je la regardais rire, je guettais ses sourires. Je traquais son regard. Je l'aimais tellement.

Plus forte que tous, si intelligente, mon Évelyne était aussi la plus douce. Ses toutes petites mains tachées de soleil, le creux de son cou où j'aimais poser mon front. Elle disait que l'important c'était de se parler, que tout s'expliquait, que la télévision était une fenêtre sur le monde, la liberté la valeur suprême. J'avais le droit de tout faire tant que j'étais responsable. Et je serais responsable si je tentais de comprendre. Comprendre tout, tous, et tout le temps.

Nous pouvions passer des heures à décortiquer le monde. Elle cherchait ma confiance, elle me donnait la sienne. Peu importaient nos différences, nous étions une, dans la même équipe.

*

Années 80. Retour à la maison après l'école, avec la nounou. Cinq francs par jour pour acheter des bonbecs. Remonter la rue Madame, la rue d'Assas, et enfin les bras d'Évelyne, ses câlins.

Je poussais la porte de son bureau. Je la trouvais fumant cigarette sur cigarette, les pieds, ses petits pieds, posés sur une poubelle pour avoir les jambes surélevées.

Ma mère, mon Évelyne, était toute petite. Elle trichait. 1,58 mètre, disait-elle. Pas vrai. On pouvait enlever au moins deux centimètres. Ses yeux bleu clair, ses cheveux blonds, l'odeur de sa peau, mélange de cigarettes et de soleil, ma respiration.

Je faisais le tour du bureau. Elle arrêtait d'écrire, me demandait comment s'était passée ma journée, avide d'anecdotes et de bonnes notes. Elle voulait savoir comment allaient mes copines, comment s'était comportée la prof, si ce qu'on m'avait appris était intéressant.

Cinq minutes, dix minutes adorées avant que je ne la laisse à ses écrits, à ses recherches et à ses clopes.

Elle me semblait toujours passionnée, rédigeait sans relâche. L'histoire des idées politiques. Proudhon, Montesquieu, Rousseau, Hobbes. Marx et les marxistes, Frantz Fanon. Léon Duguit aussi.

Elle m'expliquait tout, insistait sur les nuances, rendait les choses essentielles. Elle me montrait pourquoi il était si important qu'elle, une femme, s'y attelle. Nous étions complices, féministes, engagées chacune dans son âge.

Puis je filais faire mes devoirs, premier devoir. Ce n'est qu'après que j'avais le droit d'inventer. Je travaillais doucement, consciencieusement, pour la rendre fière et parce que, grâce à elle, j'aimais ça. Chacune à son bureau, chacune les pieds sur une poubelle.

Sa porte restait fermée mais je savais qu'elle était là. De l'autre côté du mur, je vivais sa puissance, son envie de comprendre et d'expliquer.

Je prenais mon bain, en grande discussion avec la baby-sitter. Les provocations maternelles avaient, peu à peu, conquis Ursula. Ma nounou fraîchement débarquée de Pologne, catholique maltraitée, abdiquait dans la jouissance. « OK, Ursula, tu vas chercher les enfants à l'école, tu me les ramènes avec leurs bonbecs mais après tu files. Au boulot ! À ton âge et quand on le peut, c'est sur les bancs de la fac qu'on va. » Inscription immédiate, lettres modernes. Ursula deviendra professeure des écoles et, toute sa vie, restera ma grande sœur, l'une des nombreuses protégées de ma mère.

Après le bain, la porte s'ouvrait encore. Une dernière cigarette au bureau, le temps pour nous, à nouveau, de réfléchir ensemble. Mes copines, sa mère, sa sœur, Che Guevara, l'enseignement supérieur, Mitterrand, mes frères… Les petites et la grande Histoire. Dans le sourire de ma mère.

*

28

L'heure du dîner, chacun son problème. « Faites-vous à manger. Surgelés. Ne perdons pas de temps avec ça. Tâches domestiques, tâches sans délices. »

Les mardis soir, *Dallas*. Mes frères et moi autour de notre mère. Sue Ellen, JR. Chacun y va de son commentaire. On discute de l'Amérique, de l'impérialisme, on discute des chevaux, de l'enfance, on discute des couples, des hommes et de l'argent.

Je dois tout faire seule, mais je sais que rien n'est laissé au hasard. Ma mère ne m'emmène pas au cinéma, ni au théâtre, mais se réjouit quand j'y vais. Elle me trouve ridicule de vouloir faire de la danse et du piano mais chérit l'idée que je trouve, sans l'aide de personne, des choses qui me passionnent. Nous sommes un duo et nous sommes chacune. Nulle ne doit imposer à l'autre sa vision du monde. Elle hait le patriarcat, les principes qui ne sont que des manières. Elle nous apprend à déceler les fausses intentions, la superficialité. Elle aime la politesse à condition qu'elle soit empreinte de générosité.

Mes amis l'adorent. « Ta mère est super sympa ! Chez toi, on a le droit de dire ce que l'on pense. Tu as vachement de chance… Il n'y a jamais d'ordres, jamais de réprimandes. Ça hurle, ça argumente, mais ça rigole tellement. » C'est vrai que ma mère les connaît tous. Elle s'intéresse à chacun. Pour cela, elle ne passe pas par moi mais s'adresse directement à eux. Ils se parlent. « Viens, on va embrasser ta mère dans son bureau. » Ils rient. « Alors, Aurélien, ton père et ta mère se marrent toujours autant ? », « Dis-moi, Charlotte, où en es-tu de ton

Journal ? », « Savez-vous que les femmes n'ont pu signer un chèque sans l'autorisation de leur mari qu'en 1965 ? ».

Ma mère chante Julien Clerc et Alain Souchon. Elle me parle espagnol tout le temps. Elle connaît par cœur les poèmes d'Antonio Machado et, comme une rengaine, m'assène : « *Camilita, no hay camino, se hace camino al andar. / Golpe a golpe, verso a verso.* » Elle me raconte Allende, Castro et Camilo Cienfuegos. Et ses vacances à Séville au début de l'adolescence. Premiers émois malgré son éducation religieuse. Elle fond de délice à l'écoute de l'album de Joan Baez : *Gracias a la vida que me ha dado tanto…* « Quelle conne, quand même ! »

Quand j'ai 6 ou 7 ans, je dévore la Comtesse de Ségur. Elle se fout de moi : « Camille et Madeleine sont des nunuches. Il n'y a que Sophie qui vaille le coup. S'il te plaît, planque-toi quand tu lis des trucs pareils ! »
Ma mère ne m'a que rarement tendu un livre. Elle préférait me regarder faire. Lira-t-elle ? Dansera-t-elle ? Chantera-t-elle ? On verra bien. C'est sa vie, pas la mienne. Elle vibre quand je découvre Aragon. Hugo aussi. Elle s'ennuie quand je lis Flaubert. Plus tard, elle se réjouit lorsque je découvre Nizan. *Aden Arabie*, bien sûr, mais aussi *La Conspiration* : « […] pas un soir à vingt ans où l'on ne s'endorme avec cette colère ambiguë qui naît du vertige des occasions manquées. […] Un camarade de Laforgue venait de se marier à vingt ans ; ils parlaient de

lui comme d'un mort, au passé ». Nous rions de cette tension permanente entre révolte nécessaire et douceur de la contemplation. Tout est source de jouissance. Chaque difficulté, même. Gide, par exemple. Elle adore qu'à 20 ans je fulmine en lisant *La Symphonie pastorale* alors que *Les Nourritures terrestres* l'ont fascinée au même âge. Elle aime que je la continue.

Pour elle, l'éducation n'est pas la transmission. « Mon Camillou, qui suis-je pour prétendre transmettre quoi que ce soit ? L'enfer, c'est les autres, non ? – Mais mon ennemi est intérieur, maman. Guide-moi. – L'éducation, c'est permettre les questions, faire advenir la critique, ouvrir aux choix. Pour ça, donner confiance, rien de plus. *Caminante, no hay camino.* »

Bonheur maternel lorsque, inscrite en thèse, je découvre Alain : « Penser, c'est dire non. » Pourquoi j'en tremble ? Comment le sait-elle ? Elle rit. « Bien sûr, mon Camillou. Mais tu verras, c'est dur. »

*

Évelyne est l'une des premières femmes agrégées de science politique et de droit public. Elle lutte. Elle lutte pour mettre du relief dans sa vie. Elle se prend au jeu, se passionne et impressionne.

À 16 ans, je me glisse dans l'un de ses amphis. Ma mère, toute petite, du haut de cette chaire immense, ses yeux, sa voix dans le micro. « Les spécificités du guevarisme » à Paris I. Je voudrais comprendre, comprendre comment une femme aussi percutante ne dirige pas le monde, comment autant de savoir peut risquer de s'éteindre dans l'écho d'un amphi. J'entends ses étudiants. Ils l'admirent. Je suis fière. Je l'attends à la sortie. Elle rit. « Viens, on s'tire ! J'ai été excellente ! Dépêche, avant qu'ils ne découvrent l'imposture ! »

Ma mère, mon Évelyne à moi, ne mise que sur l'intelligence. Celle de son étudiant de première année, de sa fille à 5, 8 ou 16 ans. Elle appelle la discussion, essaye de convaincre, et présuppose toujours, chez ses interlocuteurs, les plus hautes qualités. Mais elle fuit l'Institution. L'Université et ses robes longues de professeurs vantards l'insupportent. Carrière, échelons, cooptation, elle hait les manipulations. Elle me dit : « Je ne sais pas comment le personnel administratif les supporte. Impostures et fatuité. » Elle en admire quelques-uns. Ils sont peu nombreux.

Je me souviens de ses éclats de rire mêlés de colère lorsque, inscrite en première année, je lui racontais le spectacle de ce petit professeur qui mettait grand soin à revêtir une toge pour lire son manuel d'histoire du droit à un amphi anesthésié. Et son exaspération aussi de savoir que mon prof de droit civil commençait chacun de ses cours en hurlant : « La loi, c'est la loi ! » Mise en scène de la droite conservatrice, ennui mortel d'étudiants subissant les cours d'agrégés sans profondeur.

J'attends les dîners à la maison, les copains de ma mère, ceux avec lesquels elle rit. Ma mère joue avec les mots, construit des jeux de mots, s'amuse des lapsus, argumente. Elle adore ça. Elle séduit les hommes à coups d'idées, conspue les machos, leur retourne le cerveau.

Ma mère se tait aussi. Elle écoute. À table, en colloque, en soutenance, elle laisse une chance au silence. À son bureau quand je lui parle, penchée sur moi dans mon lit quand elle caresse mon visage. Son regard bleu se tourne, sa tête se penche un peu, son œil est doux. Elle m'entend. Force de caractère. Rester calme, faire advenir la raison. Maman maïeutique.

Une fois seulement, je l'ai vue reculer. Ma mère a quitté mon père pour ne plus subir ses absences : « J'en ai marre des héros ». Il a hurlé, il a pleuré. Elle a tenté de lui expliquer puis a renoncé. Ma mère m'a protégée, ensevelie sous la douceur et les mots. Elle a refusé de me cacher la vérité et a posé ses yeux dans les miens. « Il crie mais je suis plus forte que lui. Bien sûr que je devrais l'aimer au nom du vieux monde, mais tu me veux libre, non ? Tu verras, je te le promets, j'y arriverai mieux sans lui. Je serai heureuse. Regarde-moi. »

Mon Évelyne incline légèrement le regard, plisse les yeux, elle sait tout.

Ma mère est née en Indochine en 1941.

Enfermée dans un camp japonais, pour se nourrir Évelyne mangeait de l'herbe, sur l'injonction de sa propre mère. Je n'ai jamais compris pourquoi. Elle ne me l'a pas vraiment expliqué. En vrai, on s'en foutait.

Elle me disait : « Fuis la famille. » Elle riait avec moi des simagrées de ceux qui, par convenance, singent l'amour. Dans son regard souvent : Celui-ci est un idiot, l'autre m'amuse. Viens, ma fille, courage, fuyons. Nous n'appartenons qu'aux groupes que nous choisissons.

Par un manque de curiosité solidaire, je n'ai presque rien su de mon grand-père. À peine quelques approximations, à peine quelques contradictions. Des anecdotes.

Haut fonctionnaire né en 1910, Georges, le père de ma mère, a navigué de poste en poste. J'aurais du mal à dire ce qu'il faisait. Ce que je sais c'est qu'il était « aux responsabilités ». Il œuvrait dans la haute administration.

Ma mère m'a tout simplement demandé de détester son père : « Il est resté en poste durant toute la période pétainiste, il a refusé de s'en excuser. Mon père était maurrassien. Un sale facho. Tu te rends compte ? »

À 7 ou 8 ans, je savais ce que la Collaboration signifiait. Mais Maurras ? Un salaud, sans doute. Je ressentais la violence et la honte. L'abjection et le rejet. Mais je ne comprenais pas la haine de ma mère, son intensité. Quel âge avait-elle quand elle a compris ce qu'avait fait son père ? Que s'est-il passé ? Bien sûr, j'avais le droit de demander. Pas d'interdiction : « Il est interdit d'interdire, mon Camillou ! » Mais je n'en faisais rien. J'étais galvanisée par l'insurrection maternelle. Pas question d'être infidèle à ses choix. J'étais si fière de notre complicité. « Cours, camarade, le vieux monde est derrière toi ! »

Petite, ma mère me désignait le Mal et, avec bonheur, je le combattais. La main dans celle de ma mère, je courais.

*

Du couple de mes grands-parents sont nées ma mère, puis sa sœur, Marie-France, de deux ans et demi sa cadette. Après l'Indochine, la famille s'installe en Nouvelle-Calédonie. En 1950 naît Gilles, leur petit frère. Sur l'île, les enfants bénéficient de l'aura de leur père et partagent l'adoration de leur mère. Enfance dans la belle société. Chevaux et jolies robes. Plonger, nager. Les filles, déjà, nourrissent une folle complicité.

Paula, la mère, était une femme magnifique. Elle ressemblait à Marilyn Monroe, icône familiale. Elle était son portrait. Sa photo en robe blanche à côté de celle de l'actrice. Incroyable ressemblance. Incroyable mise en scène, surtout.

Au sujet de sa mère, Évelyne était intarissable. « Paula était une femme libre. Imagine ! Dans les années 50, elle a découvert Beauvoir quand elle se traînait un mari conservateur. Mon père était ultra autoritaire. Ma mère l'a quitté une fois, a trouvé qu'elle avait mal divorcé, l'a ré-épousé et a, à nouveau, divorcé. Beaucoup mieux, cette fois-ci. » Lorsqu'elle me racontait ma grand-mère, ma mère soulignait ses idéaux : « À la fin des années 50, Paula a fait exploser les conventions bourgeoises. Elles lui garantissaient pourtant confort et renommée. Ma mère a fui son mariage ; elle ne supportait plus les conneries de son mari, et, avec elles, la société calédonienne, qui n'entendait rien au deuxième sexe. Elle est partie au nom de la liberté, de la liberté des femmes. Elle a eu cette énergie, cette détermination, celle de ne pas attendre d'être désirée, celle aussi qui défait la famille institutionnalisée. J'étais si contente au deuxième divorce ! Débarrassée de mon père ! »

La liberté, les femmes, le couple, l'infidélité joyeuse, la modernité intelligente. Petite, j'étais bercée par ces histoires. Ma mère, quand on était toutes les deux, insistait : « Quand Paula m'a expliqué comment avoir un orgasme à cheval ou à vélo, j'étais à peine pubère ! Elle élevait ses enfants à sa manière. Dans cette micro-société insulaire, elle passait pour une vraie dingo. Moi, je la trouvais incroyablement courageuse. »

La photo des trois enfants sur le mur de la rue de Vaugirard, dernier appartement de ma grand-mère, avait de quoi surprendre. Ils avaient tous l'air déguisé. On y voyait ma grand-mère sublime en maillot, ma mère blonde et sage, ma tante cheveux ultra courts et tout frisés comme un petit garçon, et mon oncle avec de longues boucles blondes et un genre de truc à smocks.

*

« Mieux divorcée », ma grand-mère quitte la Calédonie, ses trois enfants sous le bras. Le voyage est interminable. Pour la seconde fois, des semaines de bateau, le *Résurgent*. Les vagues. Le mal de mer. L'ennui.

À Nice, il faut tout réinventer.

Ma grand-mère se retrouve mère célibataire et sans métier. Mais qu'à cela ne tienne ! Elle prend des cours de dactylo et finira directrice commerciale de la boîte qu'elle intègre. En ce temps-là et d'après le récit qu'elle m'en fait, ma mère se cache de ses camarades de classe pour manger la baguette qui lui tient lieu de déjeuner. Elle veut faire honneur à sa mère, ne montre pas les choses et leur dureté.

Là, Paula fait voler les derniers carcans de sa vie bourgeoise. Comme ma mère après elle, ma grand-mère dénonce l'entrave planquée sous l'utile. Elle déteste les soutiens-gorge. Elle déteste les culottes. Elle n'en porte jamais. Les filles abandonnent robes et escarpins. Avec leur mère, elles ne seront plus jamais des « cuculs entravées ».

Elles font surtout tourner les têtes. Plus que les conquêtes, elles multiplient les propositions. Elles font preuve d'une arrogance sexuelle stupéfiante. Elles sont belles, intelligentes et terrassantes. Aujourd'hui encore, les quelques amis niçois que je croise me parlent de la beauté et de la facétie des sœurs Pisier. Ma mère m'expliquait : « Tu comprends, j'ai fait l'amour à l'âge de 12 ans. Faire l'amour, c'est la liberté. Et toi, qu'est-ce que tu attends ? »

J'étais très impressionnée. À 11 ans, je m'éver-tuais à séduire tous les garçons du collège, ma mère et ma tante pour modèles. Je roulais des pelles et j'invitais à danser. Dans un sourire, je faisais la leçon à mes copines coincées : « Le sexe est un jeu, pas un enjeu ! » Bientôt, j'affrontais l'opprobre et peut-être la jalousie des enfants de mon âge, mais je faisais mine de m'en ficher : « Pas grave. L'indirect prix de la maturité. Je me suis renseignée : la liberté coûte cher, ce n'est pas une nouveauté. »

Quelques années plus tard, c'était au tour de ma tante de se moquer : « Comment ? À ton âge ! Tu n'as toujours pas vu le loup ? » Et elle organisait des rencontres avec des garçons improbables qui avaient pour mission de me séduire et de me déniaiser.

Être à la hauteur des histoires de cul de sa mère, de sa tante et de sa grand-mère… Plus qu'une gageure ! La liberté ?

*

Marie-France a 16 ans quand elle est repérée à la sortie du lycée. François Truffaut a prévu un casting sauvage pour trouver sa Colette de *L'Amour à 20 ans*. Marie-France est choisie. Sa carrière est lancée. Mais s'enfuir et s'amuser ne suffisent pas. Au-delà du jeu et de la provocation, ma grand-mère intime l'ordre à ses enfants de réussir. Paula impose à sa fille de continuer ses études malgré le cinéma. Dans le sillage de ma mère, Marie-France s'inscrit à la fac de droit. Elle obtient un DEA et un DESS. Deux diplômes, c'est encore mieux. Gilles, lui, entre à Polytechnique avec beaucoup d'avance.

La famille déménage à Paris. Avec eux, les amis niçois, les amis de toujours, Mario et Zazie. Dans le « petit trois-pièces » parisien de la rue de la Croix-Nivert, repas et fêtes sont incessants. Rigolades et projets. Les rencontres se multiplient. Ma grand-mère est accueillante et chaleureuse avec les amis de ses enfants. Séductrice, bien sûr. Ticket d'entrée dans l'univers des deux sœurs. D'après les souvenirs des copains, mieux valait être adoubé par la mère pour tenter d'exister auprès des filles. Ma grand-mère tentaculaire.

J'ai 17 ans quand le premier roman d'Évelyne paraît. Enfin je lis le voyage fondateur. C'était en 1964, je crois, et, études ou pas, les filles partent pour Cuba. Ma mère ne m'a pas tout raconté de cette période. Elle pensait peut-être que j'en savais assez. Ou elle préférait que je m'intéresse à Castro plutôt qu'à ses souvenirs à elle.

Évelyne et Marie-France ont un peu plus de 20 ans. Fascinées par Guevara, intriguées par Castro, galvanisées par leur mère qui soutient la révolution, elles partent pour Cuba avec quelques-uns de leurs amis niçois, Jean-Pierre, Una, etc. Individualistes du collectif, elles ne s'inscrivent à aucun parti et entendent poursuivre l'idéal révolutionnaire à leur manière. Leur chemin croise celui d'un groupe de jeunes Français, l'Union des étudiants communistes. Leur chef deviendra mon père.

Bernard est beau et très séducteur. Il connaît tous les poèmes, qu'il récite par cœur. Il chante, mal mais avec ferveur. Aragon, Ferré, Mouloudji et les vieilles chansons françaises que lui a apprises sa mère.

Bernard est jeune et autoritaire. Les convictions imposent parfois quelques hurlements. De l'autoritarisme au nom de la liberté. « Entre le fort et le faible, c'est la liberté qui opprime et c'est la loi qui libère. » J'en apprendrai la portée.

Mon père a une profonde culture politique de gauche, hérité de son père juif et résistant. Je me souviens des déjeuners du dimanche où, sous le regard de ma grand-mère, infirmière protestante, mon père débattait avec mon grand-père. Déjeuners interminables. Salade de concombre, harengs, poulet-patates, tasse de thé. Apprentissage de la violence des mots, de celle des voix. École des débats.

Le père de mon père est laïc et engagé, courageux et blessé. Ses parents ne sont pas revenus d'Auschwitz. Exterminés pour ce qu'ils étaient. Mon grand-père refuse d'y penser et ne prononce plus le nom de sa mère, Rachel, l'un des prénoms que mon père m'a pourtant donnés.

*

À Cuba, le périple s'organise et Bernard compte bien, après la visite des champs de canne à sucre, avoir la chance de rencontrer le Líder Máximo. Mais d'ici là, d'après elle, mon père entend impressionner ma mère. Il la veut pour lui et la somme de ne pas s'éloigner : « La représentation française doit être unie. Qu'est-ce que la collectivité, sinon ? »

Lorsque la nouvelle arrive, mon père exulte. C'est grâce à lui, à son aura. Castro veut rencontrer son groupe.

Premier meeting. Bernard caresse le bras de ma mère. Sa peau bronzée, ses cheveux blonds et ses yeux bleus.

La voix de Castro résonne. L'homme est éloquent, drôle et bavard. Son regard, à plusieurs reprises, se pose sur les yeux de ma mère. Lui sourit. Et le soir, alors que le groupe est dans le dortoir, une voiture est envoyée. Ma mère me raconte : « Je dois rejoindre Castro. Ordre de Cuba. C'est moi que l'on vient chercher. » Mieux : Castro est dans la voiture. Il l'emmène et, lui aussi, lui caresse le bras.

Le Líder est vainqueur, le chef vaincu. Entre le fort et le faible, ma mère éperdue.

Pendant ce temps, mon père aime ma tante, je crois. Ma tante occupe mon père. Une brève histoire sans doute, de quoi amuser les sœurs, qui n'en sont pas à leur premier partage. Je ne pose aucune question. « On n'interroge pas la liberté ! Bien plus malin de s'en amuser. »

L'histoire qui dure en revanche, c'est celle de ma mère et Castro. Elle ne m'en dira pas beaucoup mais son sourire pourtant… Sa révolution. Pour moi, un grand chef révolutionnaire attiré par une jeune femme. Une idéaliste cédant au machisme qu'elle combat. Une contradiction, sans doute. La liberté, peut-être. Une anecdote surtout puisque, quelques années plus tard, c'est mon père que ma mère choisira d'épouser. L'institution du mariage pour les révolutionnaires ! Décidément, la liberté…

*

Je ne sais pas pourquoi, ni quand, mes parents se sont mariés. Mon grand frère Colin est né en 1970, ce devait être un peu avant.

Mon père, gastro-entérologue, médecin comme son père et son frère, se lance dans des projets humanitaires. Comme ma mère, il prolonge la lutte, à sa manière. En 1968, il est au Biafra. En 1971, il crée Médecins sans frontières et continue de partir. Il déserte la maison.

Il n'est jamais là. Ma naissance en 1975 n'y fait rien. Celle de mon frère non plus. Victor, mon jumeau, mon choix du roi.

Ma mère et mon père sont tétanisés par le nombre d'enfants bientôt dans leur foyer. « Deux bébés en même temps, et Colin qui n'a que 4 ans… » Bernard, le médecin, s'en remet aux arts divinatoires. Combien de fois ma mère m'a-t-elle raconté : « Pour être sûr que vous étiez bien deux, ton père est allé interroger un oracle des mers lointaines, quelque part à Saigon. » Boule de cristal, incantations, que sais-je encore… « Désolé, mon chéri. Et ce sera deux filles. »

Clinique Isis, boulevard Arago. Le docteur s'appelle Marx, c'est déjà ça. Je crois que mon père n'est pas là. Ma mère me dit ça. Lui prétend que si. Il dit : « Ton frère est né le premier. » Ma mère me dit : « Mais non, c'est toi. Comment ton père pourrait-il le savoir ? Il n'était pas là ! » Première compétition des jumeaux ? Énième concours des parents ? On ne saura jamais vraiment, le problème est réglé !

*

Vers 1979, avec l'aide de Sartre, mon père et ses copains font affréter l'*Île de Lumière*, un cargo calédonien. Bernard part sauver les *boat people* vietnamiens en mer de Chine.

Quand elle me le raconte, Évelyne me fait sourire. « Tu imagines ? Ton père avait une femme dans chaque port. C'était sa liberté. Et moi, disciple de Beauvoir, il voulait faire de moi une femme au foyer quand Sartre le soutenait ! Il n'a jamais rien compris. Il me faisait marrer. Deux bébés ? Autant dire que la catastrophe n'était pas celle qu'il croyait. Moi, en plus de vous, j'avais une agrégation, ton père, et plein d'amants. »

Mon père, un héros déserteur. Avec ma mère, un choix risqué.

*

Évelyne me le répétait : « Ton père est un héros des mers du Sud. Tu n'as pas le choix. Tu dois le comprendre. Médecin, il a choisi de sauver les autres enfants. Pas les siens. »

Ma petite enfance a été construite autour de ses retours de voyage. Chaque fois, épuisé, il nous maudissait. Il voyait tant de misère, tant de violence… Malnutrition. Assassinats. Zones de guerre. L'existence de ses enfants riant trop fort, renonçant à manger de la viande ou nécessitant qu'on les accompagne à une activité quelconque mettait mon père dans des colères que je crains encore. Bernard hurlait. Il nous terrorisait, nous reprochait le malheur du monde.

Ma mère et ma grand-mère nous imposaient d'être fiers de notre père et de nous en amuser. « Il faut le comprendre. Avec tout ce qu'il voit, avec tout ce qu'il fait… Peut-être qu'il ne sait pas gérer sa colère. Vous ne pouvez pas lui en vouloir. Ce n'est pas grave. » Bien sûr, il fallait en rigoler. Nous, bien obligés. Elles, pas.

*

J'ai 6 ans quand ma mère quitte mon père. Soi-disant, pas à cause de ses maîtresses. Soi-disant, pas pour son amant. En raison de ses absences et de son désintérêt. En raison de son machisme et de ses cris : « Quel ennui ! »

Elle ne nous le dit pas. Elle nous envoie en colonie de vacances, apprendre à monter à cheval. Quand nous rentrons, elle nous fait visiter notre nouvelle maison. Plus tard, elle me dira : « Enfin, c'était un non-événement ! De toute façon, votre père n'était jamais là. C'était un soulagement. Pas une cata, en tout cas. »

Pourtant, mon père l'appelait le soir et ma mère soupirait. Il criait si fort que j'entendais sa voix à travers le combiné. Nous nous asseyions en cercle autour du téléphone. Évelyne nous demandait d'écouter, pour la protéger.

De son côté, quand il rentrait de voyage, Bernard me chantait : « Ce soir, elle ne rentre pas, mon enfant, mon amour… Comme tu lui ressembles !… » et me demandait : « Pourquoi tu pars ? »

Évelyne, elle, me prévenait : « Tu n'as pas le droit de pleurer, je suis beaucoup plus heureuse comme ça. Tu n'as pas le droit de pleurer. Tu es une fille. Comme ma mère. Comme moi. »

Inutile de chercher le soutien de ma grand-mère, en effet. Je me souviens encore de sa colère quand, en balade rue de Vaugirard, Victor a évoqué les difficultés de la séparation : « Rentrez seuls, vous êtes assez grands ! » À peine 6 ans, et Paula nous plantait sur le trottoir. Chacun sa liberté. Petits Poucets. À la maison, ma mère nous attendait, pour la première fois très énervée. Nous étions si cruels de nous être plaints. « Pas question d'avoir des enfants idiots, des enfants caricatures. Le divorce est une liberté. » Ce divorce, son divorce, était un droit acquis de haute lutte par les femmes. Nous piétinions le parcours des aventurières, le courage de ma mère et celui de ma grand-mère. Elle, si vaillante d'avoir arraché ma mère à son fasciste de père. Ma mère, ma grand-mère étaient en droit de nous en vouloir, nous devions le savoir.

Je ne pleurais donc pas. Je les comprenais. Et la vie, loin de Bernard, serait forcément si gaie.

Lorsque Évelyne l'a quitté, mon père a très vite tout reconstruit. Nouvelle femme, nouveaux rôles. Nouvelle vie, bien plus bourgeoise. Les courbettes, bientôt les ministères.

Plus tard, mon père me raconte : le théâtre de l'Odéon, un soir de septembre, rendez-vous réseau, rendez-vous politique, rendez-vous de stars. Il s'impose d'être là, d'étendre ses perspectives, de construire sa carrière. Lui, rentré d'Afrique dans la matinée, passe du Sud au Nord, de la pauvreté à Saint-Germain-des-Prés. Dans les années 80, il fait le show. Mais il vomit dans les toilettes. Tout ce qu'il peut, plusieurs fois. Trop de contraste ou des amibes chopées pendant le voyage ? Lui seul le sait.

Il choisit cette vie en tout cas.

Notre maison d'enfance, l'appartement que notre mère a quitté, est réorganisée. Notre belle-mère y prend ses quartiers. Rien n'est expliqué, tout doit être compris. Pour nous, fini de rigoler. Les copains ne viennent plus, on préfère ne plus les y inviter.

Quoi que l'on fasse, ça ne va jamais : « Tes enfants ne parlent pas à table. Ils sont muets ou idiots ? », « Tes enfants font trop de bruit, dis-leur de rire moins fort ». Écho paternel : « Bien sûr qu'ils doivent mieux se tenir ! » Regard noir : il faut parler. Regard noir : il faut se taire. Oui, papa. Et si je ne respire pas, c'est bien comme ça ?

Notre angoisse d'aller chez eux.

« Vous venez saluer les invités au moment de l'apéritif, après vous partez, après vous vous taisez. Pipi, laver les dents, dodo. » Mon bras tremblant lorsque je porte un verre ou propose des cacahuètes aux pantins de droite, ou ex-gauchos, venus flatter les parents. Le bras tremblant de mon frère quand il renverse quelque chose. Nos fous rires aussi à l'écoute des ridicules et des cireurs de pompes. Pas de hurlements paternels devant les invités mais un regard perçant, un regard qui glace les enfants de 7 ou 15 ans. La phrase cinglante, toujours quand il faut, celle qui cherche la faiblesse, la met en lumière et enfin humilie… pour des cacahuètes.

*

19 heures, la petite entrée de l'appartement de ma mère. Là où le bonheur s'annonce toujours. Cartable sur le dos, derniers baisers, dimanche, soir du père. « Vous y allez seuls, vous êtes grands. » Regards de mon frère. « Je t'en supplie, maman, ne m'envoie pas là-bas, pas avec lui, pas sans toi. » Larmes bientôt, ma mère tentant vainement de nous convaincre :

« Je connais les défauts de votre père, je sais qu'il ne voit rien, qu'il ne comprend rien, mais c'est votre père. Pas le choix. Et puis, de toute façon, vous savez bien qu'il ne sera pas là. – Pourquoi y aller alors ? Pourquoi quitter l'odeur de la maison, l'odeur de ta peau, maman ? » Le chagrin ne passe pas. Il se mue en colère, une colère mutilante. Victor crie, il crie comme si on le désarticulait, comme si on lui arrachait le cœur, lui d'habitude si doux. Il crie à s'en péter les cordes vocales. Il crie comme quelqu'un que l'on n'entend pas.

Mon frère perd sa voix. Séances inutiles chez l'orthophoniste : respire, souffle, respire, souffle. Ma mère finit par renoncer. Évelyne a enfin une ordonnance, une excuse médicale à présenter. Une raison que le père-médecin ne peut qu'accepter. À son grand soulagement sans doute, nous irons moins souvent chez Bernard.

*

J'ai 10 ans quand, au retour de l'école, entre midi et deux, la télé m'apprend qu'Adrien est né. Mars 1986, mon père a un fils et je suis si heureuse d'avoir un petit frère.

Bernard me dit que bientôt je pourrai le voir mais que, là, notre belle-mère, star de la télé, est fatiguée. Il m'explique surtout qu'il faut la maquiller, organiser les photos pour les journaux. « Vous aurez rendez-vous à la maternité quand je vous le dirai.

Vous viendrez accompagnés de Christophe, notre ami photographe. »

L'homme vient enfin nous chercher, Colin, Victor et moi. Des paparazzis sont en bas de la maison, il faut les éviter. « Passons par-derrière, la cour des voisins. » « Toc, toc, toc, on peut entrer ? C'est un peu embarrassant mais il nous faudrait escalader vos grilles. Vous permettez ? » Se cacher. Surtout garder l'exclusivité aux gros tirages, à *Paris Match*, le préféré.

À la maternité, on nous envoie l'infirmière : « Restez dehors un moment, les enfants, on fait les photos et ensuite on vous appelle. Entrez, monsieur, faites vos clichés. » Disparus, comme si on n'avait jamais existé. Soyons clair : pour la vie de famille à venir, mes frères et moi, on peut aller se faire tirer le portrait !

Je rencontre enfin mon petit frère. Adrien, si mignon, que je pouvais à peine approcher quand mes copines ne cessaient de jouer à la poupée avec leurs propres petits frères. La dame en blouse blanche qui dormait dans sa chambre les premiers mois m'intimait l'ordre de ne pas le porter : « Vous comprenez, les enfants, il vaut mieux s'en méfier. »

Du côté de ma mère, nouvelle vie aussi. Mitterrand vient d'être élu. Elle nous présente l'homme qu'elle aime, depuis un moment sûrement. Dix ans de moins qu'elle. Tous les deux professeurs de droit public ; bientôt dans la même université. Leur connivence intellectuelle, la tendresse infinie de son regard sur elle, et surtout son envie de nous, comme un fou. Mon cœur est immédiatement emporté.

Rue Le Verrier, dans le petit appartement qu'à quatre on habitait désormais, il débarquait avec Ouzo, son chien aussitôt adopté. Bottes à la John Wayne, col roulé et porte-briquet autour du cou. Fume-cigarettes ou beedis, jamais de chemise, cravate interdite. Sa bouche de cow-boy, ses cheveux bouclés. Un mélange de Michel Berger et d'Eddy Mitchell.

Fils de grands bourgeois, marié puis divorcé après ce qu'il me racontera plus tard comme « une semaine de baise mémorable », mon beau-père rêvait de révolution. Il venait de rédiger un essai intitulé *Chili ou la Tentative. Révolution/légalité* et en avait été félicité.

Après Cuba, le Chili, avec Cuba, le Chili, la gauche en étendard, nous serons bientôt la *familia grande*.

*

Je dois avoir 8 ou 9 ans quand nous emménageons tous ensemble, rue Joseph-Bara. Grand appartement, chacun sa chambre, la mienne entre celles de mes frères.

Rue JB, je savourais ma gémellité. Victor et moi dans les mêmes classes. Courses en tête, tous les deux premiers. « Viens, on va réviser. » Ensemble, face aux copains. Victor et moi, toujours unis, les mêmes envies, les mêmes desseins. Victor et moi, complicité, mémoires mêlées, fous rires innés.

Rue JB, mon grand frère Colin m'épatait. Ses habits, ses pieds, ses mains, ses blagues. Brun, le nez parfait, des sourcils magnifiques sur des yeux vert clair. La barre de traction dans le couloir pour assurer la gonflette. Les filles étaient folles de lui.

Rue JB, mon grand frère était le plus beau gars du quartier. Le plus courageux aussi. Poussé par les parents, il intégrait bientôt Louis-le-Grand quand les enfants des copains ne foutaient rien au lycée. L'excellence comme marque de gratitude, de génération en génération. L'injonction se transmet, la réussite pas tout le temps. Colin, premier sur la liste.

L'aîné des enfants et des petits-enfants. Obligation de se coucher tard, d'étudier sans relâche, et, comme notre oncle Gilles, de faire des maths.

Rue JB, je voyais souvent Colin peiner mais ne rien lâcher. Le cœur battant, je frappais à sa porte pour l'encourager. Ne jamais déranger quelqu'un qui travaille. Règle solidairement adoptée : « Je fais du poisson pané, je me demandais quand tu aurais terminé. » Comme une abeille autour du pot. Lui tourner autour pour mieux l'admirer. L'aimer autant que ma mère l'aimait.

Rue JB, je me souviens de l'odeur adorée de la chambre de mon grand frère. Je me souviens que j'attendais son « Ouais » pour oser ouvrir la porte et trouvais toujours la même image : Colin à son bureau, une calculette et un rapporteur posés sur du papier millimétré. Je me souviendrai toujours, admirable spectacle, du mouvement d'enroulement de son stylo entre ses doigts pour mieux réfléchir. « Salut, Cam ! » Sourire d'un adolescent canon.

Rue JB, berceau de notre complicité. Parfois, Colin lâchait ses révisions et la pression. Il m'invitait à venir discuter. Nos moments d'éternité. Je lui parlais de moi, des parents et de la vie. Il m'écoutait, m'écoutait vraiment. Et, le soir, je me couchais l'oreille en alerte, bercée par les musiques qu'il mettait de l'autre côté de la cloison. « Ce soir : Billy Joel. La musique, c'est super, ma sœur. Écoute bien, j'adore ce morceau. »

Chaque fois que je pense à mon frère, il sourit et danse. Je ne lui connais que cette expression. Je l'entends raconter une connerie et danser sur nos envies. L'index en rythme avec la musique, une grimace de délice sur le visage.

*

Rue JB, après l'école, je me glissais dans le bureau de mon beau-père pour, avec lui, écouter Chopin et Schubert, que ma mère détestait.

Mes frères et moi, nous étions les bienvenus partout. À table, dans le salon, dans la chambre des parents pour regarder ensemble nos émissions préférées. Mon beau-père m'emmenait avec lui chez ses amis et me présentait comme sa fille. Il m'encourageait pour tout. Il me portait, me rassurait, me donnait confiance.

Évelyne me disait : « C'est quelqu'un de bien. Rends-toi compte : son frère est mort sur l'autoroute de Sanary. Il n'avait que 20 ans ! Imagine-toi, la sensibilité... » Moi qui en avais la moitié, je ne voyais pas trop le rapport, mais, docile j'acquiesçais.

Lui me regardait si tendrement. « Ma Camouche, vite, apprends l'humour et l'ironie. Aime la vie. Tu es si maligne, comme ta mère. Et tes frères aussi, mes bonheurs. Vous êtes ma vie, ma nouvelle vie, celle que j'attendais, celle que je voulais. Vous êtes mes enfants, et mieux encore. »

Rue JB, mon beau-père organisait ma joie, m'apprenait à respirer. Il me faisait faire mes devoirs et m'enseignait le jeu. Poker, black jack, tarot, belote. Mon beau-père m'emmenait aux concerts de Johnny Hallyday. Il me faisait écouter des morceaux de piano, il m'inscrivait au tennis et me lisait des passages de ses polars préférés. Il me proposait de prendre part à leurs débats politiques. Consensus et dissensus. Peu importait l'âge, chaque point de vue était respecté tant qu'il était argumenté. Et il aimait tellement ma mère, ma tante et ma grand-mère. Il avait tout compris, tout conquis.

Rue JB, mon beau-père remplaçait mon père.

*

Quand ma mère a rencontré mon beau-père, ma tante est tombée amoureuse de son cousin germain. Chez les filles Pisier, on ne fait pas les choses à moitié. Fini les révolutionnaires, les acteurs et les grands avocats. Le cousin ? Pourquoi pas ?

Thierry et mon beau-père étaient même plus que cousins puisque leurs parents, comble de gaîté, étaient jumeaux, comme Victor et moi. Les deux hommes avaient le même Sud, les mêmes souvenirs d'enfance et les mêmes repères.

À partir de là, on ne s'est quasiment plus quittés.

À Paris, Paula, Marie-France et Évelyne se sont suivies de quartier en quartier. Huit rues d'écart, maximum autorisé ; plus, on ne saurait respirer. Gilles s'est éloigné dans l'arrondissement d'à côté. Entre les sœurs, téléphone tous les jours, un dîner au moins une fois par semaine. Chaque week-end, tout le monde se retrouvait. Chez Marie-France et Thierry, chez nous aussi. Le dimanche, ils nous emmenaient avec eux au tennis à Montrouge. Nous attendions dans les couloirs que les « vieux » aient fini de jouer : « Les enfants, démerdez-vous ! » Puis on rentrait chez les uns ou chez les autres. « Chacun fait sa bouffe mais il y a à boire pour tous. » Ils jouaient au *Scrabble* ou débattaient. Clopes, beedis et porte-briquets. Sous le regard réjoui de ma grand-mère, reine des luttes idéologiques et des câlins.

À partir de là, on a commencé à aller à la Plaine du Roi, dans leur immense propriété familiale. Tous ensemble, à toutes les vacances. Une famille choisie, réinventée autour de Paula, Évelyne et Marie-France. Autour de mon beau-père, de son cousin et de Sanary.

Sanary, l'odeur, la lumière, le silence.

Sanary, les oliviers, les murets en pierre, la couleur ocre de la terre. Les cigales et la mer.

Sanary, ma respiration.

À Sanary, il y avait deux maisons dans la pinède. La Grande Maison pour les adultes, et la Ferme pour les enfants, Évelyne, mon beau-père, Marie-France et Thierry. Deux maisons, une piscine.

À Sanary, il y avait de l'herbe séchée, de la lavande et des amandiers. Plus tard, du mimosa. Pieds nus tout l'été.

À Sanary, il y avait un chemin de thym, sur lequel mon beau-père m'apprenait à passer la main : « Le nez sur la main à la fin du chemin, ma Camouche. Sens comme on est bien. »

À Sanary, mon beau-père se moquait de sa mère Colette qui, clochette à la main, sonnait le personnel pour débarrasser la table. Il m'apprenait qu'« autorisé » et « interdit » relèvent d'une affaire personnelle. Il me disait respecter immensément mon père mais riait avec moi de toutes ses conneries.

À Sanary aussi, mon beau-père embellissait ma vie.

*

Tous les ans au mois d'août, il y invitait les Niçois, Mario et Zazie. Les autres aussi, amis d'enfance, compagnons de lutte de ma mère, anciens maos, gars de la Ligue… La gauche reconvertie à Sanary. Y venaient également les amis de mon beau-père, moins politisés et parfois plus jeunes. Cette terre comme un phalanstère.

Chaque année, dès le mois de mai, je scrutais le « grand tableau de Sanary ». C'était mon beau-père qui le préparait et l'envoyait à tous les invités. Il attribuait les chambres, répartissait les semaines. C'était alors bien plus qu'une liste de prénoms.

À la Ferme, il nous casait nous, les enfants. En vrac dans les dortoirs. En haut, Victor, Charlotte, Julie, Samuel et moi. Isabelle et Deborah. Aurélia. En bas, Brigitte et Emmanuelle, Colin, David, Antoine et Alexis… Plus tard, on ferait de la place à Luz et Pablo, à Timothée et Rose, à Matthias, Clara, Clémence et Inès, à Jessica, à Julia, Maria et Pierre, à Nora, à Rachel et Jonathan, Romain et Zazou.

Dans la Grande Maison, première quinzaine, on trouvait : Fabienne et Henri « chez Colette », Patrick et Dominique au-dessus de la pergola, Geneviève dans « la chambre de l'escalier », Chantal à côté, Georges et Janine « chez Micou et Jean-Louis », Luc et Dominique « aux frigos ». Les copains de mon beau-père aussi, Jean et Dorothée, Nathalie et François, Michel et Michelle. Donner une chambre à Paula, Gilles, Xavier, Rosanne.

Plus tard, il faudrait aussi faire une place à Muriel et Philippe, à Michel et Josée, à Véronique et Philippe. Et aux exilés du Chili, soutenus dans leurs luttes, Carmen en tête, Teo après.

Au rez-de-chaussée, tout au long de l'année vivait Simone, la cheffe, la *mamá*, reine de la cuisine, gardienne des maisons. Il y avait aussi Hélène, sa fille. Ursula, Goïshka, Sylvie, Nadège, les nounous, que les parents aimaient tant.

Sur le grand tableau de Sanary s'organisaient les vacances d'une sacrée bande. La *familia grande*.

*

Le rituel a très vite été institué. Tous les étés : des parents hilares et des enfants fous de liberté.

En bon constitutionnaliste, mon beau-père organise le pouvoir. L'État de droit, les bonnes manières, les règles, comme un jeu. « Chacun sa tâche. Je suis le Premier ministre et nous allons désigner les ministères. Camille, tu es en charge du ministère des mégots : tous les soirs, tu dois vider tous les cendriers, les énormes de la piscine et les tout petits qui se cachent dans les coins. Charlotte, à la danse. Victor, ministère de la table. Reste les ministères du tarot, du black jack, du poker, de la piscine, des courses, du tennis… le ministère des clopes, celui du vin. »

À l'heure du déjeuner, l'heure de se lever, buffet. On est tellement nombreux. Grandes salades froides. « Servez-vous, les enfants. Asseyez-vous, ou pas. Vivez tranquilles. Devant la télé, *L'Homme de l'Atlantide*, ou assis à table avec les vieux ! » À table, où les idéaux le disputent au pragmatisme, les conversations vont bon train. Mais, surtout, qu'est-ce qu'on rit ! Les parents sont revenus de leurs luttes mais ils y croient encore. Pas à la révolution, évidemment, mais aux valeurs de la gauche. Celles qui les unissent. Celles qu'ils nous transmettent.

Nous sommes associés à chacune de leurs réflexions, avinées ou pas, amusées ou pas, sérieuses ou pas. Marx, Staline, les « Italiens ». La Ligue, Mao, les établis. De Gaulle, Debré, le suffrage universel, les pouvoirs du président de la République. Mitterrand, Mauroy, Fabius, Rocard... Manger, respirer, jouer, étudier, plonger, rêvasser, tout est politique.

Universitaires, philosophes, sociologues, professeurs de droit, juristes, magistrats, avocats, bientôt ministres, à l'heure du café. La culture et les mots tout le temps. Question vocabulaire, Marie-France et Évelyne sont en tête. Femmes en tête. Imbattables. Après les hurlements et les fous rires du déjeuner, tout le monde se concentre : « jeu du dictionnaire » ou *Scrabble*. C'est l'heure de se démultiplier, de se dépasser, d'inventer les rapports entre les parents et les enfants, de prendre confiance ou au contraire de préférer renoncer.

L'après-midi, parties de pétanque, de tennis, de tarot, de ce que vous voulez, dans un désordre politique, sous aucune autorité ni surveillance. Comme lorsque, dans un élan, ils nous emmènent à Aqualand. Comme lorsque systématiquement ils y oublient un enfant. Jeu préféré des parents. « Merde ! Samuel ! On a oublié Samuel ! » Le pire, c'est que c'est vrai. « Oh, ça va, on revient toujours vous chercher ! »

L'après-midi où, comme le reste de la journée, le maillot riquiqui l'emporte rarement sur la nudité. À la piscine, Josée est à poil, et alors ? Dans un éclat de rire, mon beau-père surveille l'évolution des corps : « Dis donc, ça pousse, ma Camouche ! Mais tu ne vas tout de même pas garder le haut ? T'es pas comme Mumu, la coincée ! » Muriel, la meilleure amie de ma mère, se fait engueuler. Elle qui ne veut pas exposer son corps, elle qui préfère la pudeur à la nudité, se fait malmener. Évelyne se moque d'elle tout le temps : « Mumu, la chichi-panpan ! »

À la piscine, mon beau-père rit et va se baigner. Comme en un rituel, il retire d'abord son porte-briquet, enlève son maillot. Puis, nu, il cherche un paréo. Je l'entends encore me prévenir : « C'est avec les petites carottes qu'on fait les meilleurs ragoûts, ma fille ! » Il attrape un drap et l'enroule autour de ses hanches. Ensuite, toujours le même mouvement : il plonge, le paréo tombe. Il nage, sort de la piscine, le tissu à la main, et se rhabille enfin.

Ma mère, elle, fait des mots croisés, elle fume, et sent si bon. Elle dit : « Hé, Viouli ! Viens m'embrasser, Viouli. » « Viouli » pour « *I love you* ». Mon beau-père qu'elle aime plus que tout. Mon beau-père qui bronze à une vitesse de fou. Il est tout brun, si beau. Il prend ma mère dans ses bras. Tarzan et Jane.

*

Le soir finit par arriver. Adultes et enfants ne s'arrêtent jamais de jouer.

L'heure du dîner est celle qui laisse place aux plus grands débats, aux plus grands éclats de rire. Sous la pergola, les parents. Ils discutent des heures, refont le monde, se connaissent par cœur. Des carrières se dessinent, leur cohérence parfois malmenée. La gauche est au pouvoir. À Sanary, Mitterrand a-t-il des « enfants » ? Bien sûr, et ils se sont réjouis. Ils nous ont maquillés, embarqués, fait militer mais… maintenant, il faut gouverner.

Ils se critiquent, s'encouragent, s'interrogent, discutent. Ensemble. Parfois, ils s'invectivent, se font du mal, se fâchent, quittent la table et puis reviennent. Sur les enfants aussi il peut leur arriver de crier : « Argumente ! Mais argumente ! »

Tout petit déjà, mieux vaut savoir parler. Comprendre que les cris sont une marque de conviction, qu'il n'y a pas à s'en effrayer. Comprendre qu'il faut savoir prendre la parole. Apprendre à choisir ses mots comme des armes de combat. Sur tous les sujets. Apprendre à ne pas montrer sa peur. Prendre le dessus dans la conversation, tout le temps et quel que soit le point de vue. Toujours savoir développer son idée, fixer sa position et l'assumer. À 7 ans, à 15 ou à 40 ans. À l'école de ces dîners de révoltes, de ces dîners d'intellos, chaque enfant apprend à répliquer mais creuse aussi, parfois, une terreur de l'affrontement.

Un soir sur deux, la terrasse de la Grande Maison est débarrassée. Les enceintes sont sorties sous les étoiles. Le tourne-disque est allumé. C'est l'heure de danser. Un grand rock tous ensemble. En cercle, à genoux, *we will, we will rock you*. On tape sur le sol, on crie comme des fous. « Hotel California », « Africa », « Couleur menthe à l'eau ». Plus tard, Balavoine, « Mon fils, ma bataille ». Et pour Luc, « Sympathy ». Luc qui m'apprend le rock. Luc, le copain qui, selon mon beau-père, est amoureux de ma mère. Luc, le copain que mon beau-père nous fait appeler « Buc », pour dire « Luc bande ». Luc, l'un des copains que j'aime tant mais que mon beau-père adore ridiculiser.

Les couples se forment, les slows durent des heures. Les vieux s'invitent, se collent, se serrent. Il arrive aussi que, à peine ados, les enfants se roulent des pelles. Du haut de mes 7 ou 8 ans, je demande à ma mère : « Évelyne, regarde, regarde, comment font-ils ça ? » Hilare, elle m'attrape par le bras. « Ouvre la bouche. Tu veux essayer ? » Les adultes sont très amusés. Moi, je résiste à la curiosité : « Beurk ! J'essaierai avec Samuel tout à l'heure, pas avec toi ! » C'est pas mal, en effet.

Parfois aussi, mon beau-père danse avec son chien. Ouzo se lève sur ses pattes arrière, à coups de

« Hop, ici ! Allez hop, ici ! ». Et, une fois calé, mon beau-père lui bave dans la bouche, de longs filets, crache sa salive dans la gueule de son animal qui l'avale à grandes lampées. Un peu dégoûtant, mais qu'est-ce qu'on rigolait ! Tous ces soirs, à Sanary, où l'on a dansé !

Un soir sur deux, on jouait aussi. « À combien la cave ? Faut que Jean se refasse, ce soir. » Michel ouvre une table de poker. « Qui préfère le black jack ? » Très tôt, mes frères et moi savons jouer à tous les jeux d'argent. Les adultes misent sur nous. On a une de ces pressions ! Mon beau-père et moi dans la même équipe. « On joue ensemble ce soir. *Go, go, go*, poker face, ma fille, ne montre rien. Tu me referais un rhum, ma chérie ? Avec un gros cigare comme dans les vapeurs de Cuba. »

Parfois, on organise un « Ambassadeur ». Parents et enfants mélangés. On se retrouve sur la grande terrasse pour mimer livres, films, pièces de théâtre. Aux enfants, il n'y a rien à cacher ! Je me souviens de ce que, à peine adolescente, j'ai eu à mimer : « Camille, viens ici. À ton équipe tu feras deviner *La Chatte sur un toit brûlant*… Tu connais pas ? C'est un film de cul. Démerde-toi. Au bout d'une minute, si tu n'y arrives pas, tu auras le droit de mimer chaque mot du titre. Mais avant cela… » Me voilà faisant semblant de baiser devant les parents. Énorme rigolade. Parfois, *La République* de Platon, ou *Le Petit Livre rouge*… Pas plus facile à simuler !

Certains soirs, direction la mer. Bains de minuit. Tout le monde est nu, dans l'eau et dans les voitures, pour rigoler.

Au retour, qui à la Ferme, qui à la Grande Maison ? Les enfants rentrent au dortoir. Une grande pièce entièrement tapissée d'affiches de Mai 68. Pour m'endormir, chaque soir je lis : « Laissons la peur du rouge aux bêtes à cornes », « Trop tard CRS, le mouvement populaire n'a pas de temple », « La lutte continue », « La chienlit, c'est lui », « Nous sommes tous des juifs et des Allemands »... Je finis par fermer les yeux. Au-dessus de moi : « Sois jeune et tais-toi. »

À Sanary, l'heure est au vote : pour ou contre les grossesses d'après 40 ans. Pour ! Pas question que tout foute le camp ! Tout le monde s'y met. Chacun à sa manière.

Pour Marie-France et Thierry, naissances tardives et prématurées. Mon cousin Timothée d'abord, ma cousine Rose ensuite.

1986. J'ai 11 ans. Comme chaque été à Sanary, les maisons sont pleines à craquer. Après la boum, nous regardons le ciel sur la terrasse. Matelas sortis, allongées dehors, comme elle l'a exigé. Ce 15 août, c'est la nuit des étoiles filantes. Marie-France est enceinte de six mois. Nous formons des vœux en rigolant sur son prochain enfant. « S'appellera-t-elle Bérengère comme le voudrait son père ? » Marie-France veut mon avis, mon amour. Dans nos échanges, j'ai l'impression que tout de moi est important. Moi qui si longtemps ai été leur seule fille à tous. « Ah non, pas Bérengère ! » On fait des vœux, et pendant tout ce temps ma tante ne lâche pas ma main. « J'espère qu'elle te plaira. »

Dans la nuit, les choses tournent mal. Marie-France perd les eaux. Six mois de grossesse, c'est un peu tôt pour accoucher. À 3 heures du matin, l'ambulance arrive. Ma mère grimpe dans la camionnette, Thierry suivra en voiture. L'infirmière s'inquiète que Marie-France ne porte pas de culotte. Évelyne l'épouvante en retirant la sienne et en la tendant à sa sœur. « Une chance, dit ma mère, moi qui n'en porte jamais ! » Éclats de rire de ma tante malgré la catastrophe annoncée. Énième fait d'armes des sœurs Pisier.

Ma cousine ne pèse pas un kilo. Elle est transférée à Paris et reste des mois en couveuse. Comme mon cousin, son frère, deux ans auparavant, qui lui aussi est né un peu tôt. Les amis, les Sanaryens sont effondrés, comme si leur propre enfant était en danger.

*

Marie-France a toujours pris soin de notre complicité. Elle s'est toujours intéressée à moi : « Tes notes ? Ton moral ? » En troisième, elle m'interrogeait sur mes copains : « Où est Théodore ? », « Qu'est-ce que fait Esther ? », « Ton Théodore, il me plaît bien, je vais l'appeler Gontran. Il a une tête à s'appeler Gontran ». Plus tard, et chaque année, elle organisait mes anniversaires, m'invitait à déjeuner, à prendre des cafés. Nous faisions de la gym ensemble et discutions des heures, dans la fumée des cigarettes et au cœur de l'été.

Parfois, à Sanary, elle avait envie de fuir le groupe. « La "famille", la "cour du roi", doux, facile, amusant, mais fatigant. » Ma tante m'embarquait : « Viens, on va voir du monde. »

Virée en scooter sur le port de Bandol. On va boire un coup à l'Amiral et rigoler avec Omar, le serveur : « Alors, les filles, de retour ? » Ensuite, on fait la tournée des boutiques. On s'arrête surtout dans celle du milieu, notre préférée. Toutes deux échappées.

À Paris, elle m'appelait : « Tu passes à la maison, mon tanagra ? » Après le collège, j'arrivais chez elle. Odeur de *Shalimar*. Je respire. Marie-France dans sa chambre, dans sa salle de bains. On discute. De tout et de rien. Essayage, maquillage. On parle de son homme. On parle politique, femmes, cinéma. 343 salopes, Mai 68, Cohn-Bendit. J'enfile ses nouveautés. Chaussures, robes, bijoux en toc. Mettre des fringues du marché avec un pantalon chic. Un joli haut avec un vieux jean. Du liberty. Des couleurs. Du rouge, beaucoup.

Marie-France se préoccupait de ma virginité, et m'apprenait la vie de femme : les tampons, les capotes, l'allure. « Les diams moins que le toc, s'il te plaît. Il faut toujours les mélanger. »

Lorsqu'elle a tourné un film sur son enfance en Calédonie, Marie-France m'a proposé de l'incarner à l'écran : « Qui d'autre que toi, ma Camouche ? Viens faire des essais. Viens être moi devant la caméra. » La directrice de casting était un peu dubitative : « Mme Pisier veut quelqu'un qui lui ressemble. Voilà le dialogue, rendez-vous demain avec votre copine Charlotte. Il me faut deux amies, deux sœurs, l'une brune et l'autre blonde. »

La scène est simple. Phare du Sémaphore, extérieur jour. « "*Tata*", en caldoche. On dit "*tata*" lorsque l'on part, on dit "*tata*" pour dire au revoir. » La bonne société n'aime pas ça mais la mère apprend aux filles à dire « *tata* » pour saluer. Je donne la réplique à Charlotte : « *Tata*, à plus tard, il faut que je file. » Nulles, archi-nulles !

Marie-France me dit : « Viens, on va regarder. » Elle s'étouffe de rire. « T'es chiante, je ne peux pas te prendre ! »

J'ai gardé l'habitude. À ma grand-mère, à ma tante, à ma mère, je dis « *tata* » pour dire au revoir. Quand elles me laissent le temps de le faire.

*

À Sanary, on vote aussi pour l'adoption. Au Chili, bien sûr !

Cette fois-ci, c'est mon beau-père qui veut un enfant. Ma mère a 45 ans.

Pour l'adoption, il y a plusieurs conditions.

L'assistante sociale mène son enquête. Elle m'interroge : « Vous souhaitez vraiment un petit frère ou une petite sœur ? » Bien entraînée par les parents, je réponds : « Et vous, si ma mère n'était pas ménopausée, de quoi vous vous mêleriez ? »

Et d'abord il faut officialiser l'union afin de décrocher l'autorisation d'être parents.

Un mariage express est organisé. Maire de Conflans-Sainte-Honorine, Rocard est sollicité. Mon beau-père invente une invitation. Il transforme la couverture de la revue qu'il dirige. Son titre, « Pouvoirs », devient un appel : « Pour voir », et l'ours égrène les noms de toute la famille de Sanary.

Un car est affrété. Départ le matin de la rue d'Assas pour Conflans. Attention les yeux, chacun à sa manière, personne n'est sur son trente et un ! Champagne à bord, tarot, poker, clopes et chansons. C'est toute une famille qui part se marier. À la mairie, ils ne sont pas vraiment habitués.

L'adoption prend du temps.

Les parents s'impatientent. Mon beau-père ne recule pas devant les pistons, il appelle Chirac à la rescousse. Dérangeant entregent. Je suis interloquée. « Chirac ? – Tu comprendras plus tard. Viens rigoler ! » Efficacité de la droite : l'agrément de la DDASS est donné. Carmen part chercher un bébé.

Après tant d'années d'exil, malgré l'hostilité de Pinochet, Carmen obtient enfin l'autorisation de passer quelques jours au Chili. Images merveilleuses. Retour dans la maison de son père. Retour parmi les siens, Miguel disparu, le MIR étouffé. Fabienne l'accompagne. Elle filme les orphelinats, la quête, le choix du bébé. « Il y a ici une petite fille de 9 mois. Elle vous attendait. »

Ma sœur, choisie par les amies, bientôt débarquée du Chili, rachitique et souffrant de broncho-pneumonie.

Toute la famille de Sanary est à Roissy. Le bruit, les commentaires, les éclats de rire… On est un peu loin de l'intimité d'un accouchement. Qui a pris son appareil photo ? Qui a bien pensé à apporter du champagne ? À l'aéroport, ça scande : « On attend tous un bébé ! »

Moi, je retiens mon souffle. Moi, le temps d'une fausse gestation et du haut de mes 12 ans, je me suis inventée toutes les rencontres. Trois frères, enfin une sœur ! Pour moi aussi une fille. Aucune blouse blanche dans les parages, cette fois, pour m'empêcher de m'en occuper. Malgré mon féminisme, je rêve de la déguiser, de lui faire des tresses, de lui choisir des jupes et des collants de toutes les couleurs. Je rêve de lui montrer mon modern'jazz, et aussi de lui parler de mon père, si différent du sien.

Et puis soudain, derrière la grande vitre des arrivées, le temps de récupérer les valises, j'aperçois ma sœur si jolie, si touchante. J'entends les applaudissements, les cris de joie : « Regardez, regardez ! Ils sont là ! Qu'elle est mignonne, qu'il est fier ! »

Ma sœur est si loin de ce que j'avais imaginé. Poupée Tinnie noire brandie par son père en signe de victoire. Il crie : « ¡Hasta la victoria siempre ! » Petite beauté dans son pull fuchsia en alpaga. Contraste des couleurs. Sa peau sombre, sa boule de cheveux noirs. Les bras ballants, soutenant difficilement sa tête malgré ses 11 mois. Je me rappelle encore ce regard si perçant. Ses yeux noirs brûlants. Sa fossette au moindre sourire. Et ses longs doigts, ses mains magnifiques.

Mon beau-père me fait réciter : « Comment cela s'appelle-t-il, quand le jour se lève, comme aujourd'hui, et que tout est gâché, que tout est saccagé, et que l'air pourtant se respire, et qu'on a tout perdu, que la ville brûle, que les innocents s'entre-tuent, mais que les coupables agonisent, dans un coin du jour qui se lève ? […] – Cela a un très beau nom, femme Narsès. Cela s'appelle l'aurore. » Comme la lumière du matin à Sanary, celle qu'on aime tant. *La luz de la mañana.*

*

Luz, ma sœur, et le bonheur de mes parents.

Ma fierté de pouvoir m'en occuper. J'étais grandie, choisie. Mes parents ont vite délégué. Ils m'ont fait confiance. Je veillais sur elle, dès les premières semaines de son arrivée, pour qu'ils puissent s'amuser dans l'immense hôtel qu'ils avaient loué aux Contamines-Montjoie.

Ma mère me demandait de prendre le « relais » : « Elle pleure tout le temps. Putain de broncho-pneumonie, putain de rachitisme ! Prends-la, elle a sûrement besoin de toi. Faut que je fume une clope. Je descends, je reviens. »

Les Contamines-Montjoie, Luz si petite, tarot, poker et rigolades. Les Contamines-Montjoie où mon beau-père m'emmenait hors-piste et m'apprenait à skier.

*

Autres enfants, autre éducation. À Paris, les parents déléguaient tout aux baby-sitters, quasiment des gouvernantes. L'une débarquait le matin dès 8 heures et restait jusqu'au soir. Le week-end, c'était une autre qui prenait le « relais ». Pas question que ma mère soit asservie ! Ils pouvaient aussi compter sur Victor et moi lorsqu'ils n'avaient pas d'autre solution. Même chose pour le pédiatre, et les activités : « Tu peux l'emmener au parc, s'il te plaît ? » Le regard des passants qui me voyaient, si petite et déjà nounou. Partage des tâches et des responsabilités !

Mon beau-père savait me parler : « Je ne fais aucune différence, toi aussi je t'adopterais si je pouvais. Belle-fille, fille adoptive, vous êtes mes deux filles. Camille, ma Camille, apprends à ta sœur, prends-la dans tes bras pour qu'elle devienne comme toi, donne-lui le bain et chante-lui les chansons de ton père. Camille, ma fille, regarde Luz, notre fille. *Lucesita, chiquitina.* »

*

Deux ans plus tard, j'étais dans le Vermont, coup monté de ma belle-mère. Un camp pour apprendre l'anglais avec des filles de bonne famille. Ou plutôt pour m'envoyer loin au mois de juillet, mois de mon père, mois abhorré. Je voulais partir en vacances avec une copine du collège. Ils avaient pris les devants et m'avaient inscrite avec la fille d'un de leurs amis, inconnus au bataillon. *Summer camp*, Aloha Camp. Que des filles en uniforme. Cravate, short vert.

« Maman, maman, qu'est-ce que je fous là ? Maman, maman, quel con, ce père ! » Évelyne ne ratait pas un appel. Chronométré. Comme si elle téléphonait en prison. À heure fixe, une fois par semaine. « Sois courageuse. Bien sûr que tout ça est très con, mais sois courageuse, Ça n'est pas insurmontable. Seulement insupportable. Rigole. Tu as reçu la lettre ? » Le courrier n'était pas arrivé. « Dans une heure, maman. »

Une lettre de mon beau-père. Une longue lettre que je retranscris de mémoire :

> *Camille, ma Camille, puisque tu désespères dans ton camp de grands colons, laisse-moi te raconter le courage, celui des émancipateurs, celui de ceux qui, au début du XIXe siècle, ont lutté pour l'indépendance des territoires en Amérique du Sud.*
>
> *Il en est un dont tu dois connaître le nom. El Libertador. Simón Bolívar.*
>
> *Prends aussi le temps d'apprendre un poème de Pablo Neruda.*
>
> *Car ton petit frère portera son prénom.*
>
> *Si tu en es d'accord. Nous irons le chercher au Chili.*

Et il aura la chance de t'avoir pour grande sœur.

Mon beau-père, ce poète…

Adoration totale pour mon petit frère. Petit Pablo aux yeux rieurs. Un petit sumo surnutri. À la farine et à l'eau. Carencé mais si beau. Le nez aquilin, les yeux d'un noir si profond. Marie-France en était folle. Mon petit frère qui balançait sa tête en arrière dès qu'il rigolait. Et qu'est-ce qu'il rigolait ! *Pablito querido.*

II

Je crois que je n'ai vu Georges, mon grand-père, qu'une seule fois.

Mon père nous avait fait venir : « Votre grand-père est là. Venez le saluer. » Je devais avoir 7 ou 8 ans. Je supposais que Georges arrivait à peine de Calédonie, où il avait dû continuer à vivre reclus et pestiféré. En réalité, il habitait Paris. Et il était là, en compagnie de mon propre père qui venait de divorcer de ma mère.

Quelle arme pour mon père ! Prendre pour allié celui que ma mère détestait. Quelle revanche pour mon grand-père, aussi ! Réhabilité par l'homme que ma mère avait tant aimé. Un juif, de surcroît ! Le maurrassien pardonné.

Ma mère m'avait prévenue : « Fais ce que tu veux, mon Camillou, mais je te le dis : il n'en vaut pas le coup. »

En secret, à l'appel de mon père, mon cœur avait battu plus fort. J'ai couru pour les retrouver.

Avant cela, j'avais mis un temps fou à m'habiller. Je voulais qu'il me trouve jolie, je voulais lui plaire. Lui, qui avait vécu si loin, était nécessairement un aventurier. Mieux, un aventurier en manque de moi, sa petite-fille. C'était forcément pour ça qu'il revenait. Je voulais qu'il me raconte. Comment ma mère était, petite. Est-ce que je lui ressemblais ? Faisait-elle beaucoup de bêtises ? Et la Calédonie, comment c'était ? À regarder quelques photos conservées par Marie-France et par Paula, j'avais imaginé un soleil permanent. Je l'imaginais habillé comme un prince. Je l'imaginais galant et généreux. Je voyais des bals le soir, la mer la journée. Victor s'impatientait : « Mais qu'est-ce qu'on s'en fout, de ce con ? ! On y va en rollers. Dépêche-toi, ce sera plus vite passé ! »

Je me souviens d'un monsieur, cheveux très blancs, très bel homme.

« Dis bonjour à ton grand-père. » Mon sourire, comme on retourne chez soi. Mes yeux dans ses yeux. Je voulais tant qu'il m'aime, ce grand-père retrouvé.

Une main tendue, comme une claque. Le regard fuyant. « Ma petite-fille, enfin ! » Comme un reproche. Ou un regret. Je ne saurai jamais. Et puis plus rien.

Mémoire vide. Seuls le souvenir d'un « Je reviendrai » et le sentiment d'une complicité à peine ébauchée.

De retour chez ma mère, aucune question : « Aux devoirs, les petits chats ! » Travailler, réfléchir. Faire autre chose. S'élever sans lui. Docile, je m'exécutai, mais j'aurais voulu y retourner. J'aurais voulu raconter à mon grand-père mes bonnes notes, et mon courage aussi. Lui dire : « Reste là, j'ai besoin de toi. Les parents se séparent, la situation est dure. Bernard hurle, Évelyne pleure. Comme elle, je n'ai pas de père. Il n'est jamais là. Il ne m'aime pas. Je veux du silence. Emmène-moi dans ton île de silence. »

Mais mon grand-père retrouvé a disparu.
Disparu pour se tuer.
Des balles dans la tête au revolver ou à la carabine.
Deux, je crois.
1986. Il avait 66 ans.
Moi, j'allais en avoir 11.

*

En rentrant de l'école, comme d'habitude, je rejoins Évelyne dans son bureau. Frapper, ouvrir la porte, surprendre le soleil. Le sourire de ma mère. Pour les câlins et le récit de la journée, pieds sur la poubelle. J'y trouve Gilles et Marie-France assis par terre. Ça va assez vite. « Qu'est-ce qui se passe ? – Rien. Notre père est mort. »

Ils boivent un coup. Marie-France et Évelyne fument une clope.

Je sens bien qu'elles hésitent entre solennité et hilarité quand elles me voient me fermer. J'essaye d'avoir l'air détendu, de ne rien montrer. En réalité, je comprends mal de les voir si calmes. Marie-France semble fatiguée, Gilles occupé, ma mère détachée. Mon esprit se noie. L'homme que j'ai rencontré n'était pas un vieillard, loin de là. Bien sûr, il m'a paru un peu coincé, mais pas si vieux, pas vieux du tout même !

Je demande : « Qu'est-ce qu'il s'est passé ? » Gilles et Marie-France laissent faire ma mère. « Mon bébé, il s'est tué. Au pistolet. Comme un con. » Tout est dit, rien n'est expliqué. Encore aujourd'hui j'ose à peine l'écrire, mais j'en ai le souffle coupé. « Mais c'est ton père, maman ! » Ma mère me sourit. « À peine. Et quand bien même ! Arrête de t'interroger, il est bien libre de se tuer. Liberté, liberté… Je savais qu'il le ferait. Dernier acte agressif d'un homme égoïste. »

En secret, je me perds. La parole libérée, c'est pour mieux saisir l'autre, non ? Tout se dire, toujours se parler ; c'est pour la vérité, la proximité. Être plus proche de soi et de ceux que l'on aime. Si l'on se parle tant, si on refuse de s'enfermer dans des simagrées, c'est bien pour pouvoir dire la peur, la culpabilité, la tendresse ou la solitude et même, parfois, la tristesse, non ? Vous ne souffrez pas ? Pourtant si, je le vois. Et moi, est-ce que j'en ai le droit ?

Je lutte mais ma mère le sent. Je perçois son amusement et sa colère. Comme si ma peine la provoquait, comme si mon effarement nous séparait. « Parle. Qu'est-ce que tu as ? Tu ne le connaissais même pas. »

Le choc du suicide. La violence du geste quand on a 10 ans. La peine, sans doute. J'apprends à me taire.

*

Mon oncle a été chargé de se débarrasser du corps, ou de ce qu'il en restait ; peut-être s'est-il désigné seul. Gilles a pris un bateau près de Nice, je crois, pour répandre en mer les cendres de son père. Ses sœurs n'y sont pas allées.

Marie-France a imaginé cet épisode dans l'un de ses films : deux adolescents répandent des cendres dans les vagues. L'urne est lourde. Le vent tourne. Ils avalent la poussière. Ils suffoquent. Ils rient. Marie-France montre, mais, en réalité, se tait. Marie-France, que ça n'a jamais amusée…

Un aller-retour. Je suis là. Je disparais. Deux coups. Deux balles.

Quand mon grand-père s'est tué, j'ai interrogé ma grand-mère.

Grand-mère centrale, pilier de Sanary, intéressée par les positions de chacun, distribuant satisfecit, déployant mises en abîme, passant des plus jeunes aux plus vieux en un tour de bottes compensées. Jean, T-shirt avec des petites étoiles bleues sur fond blanc. Paula saurait m'expliquer.

Jeudi midi. Fin du déjeuner, nous prenons l'ascenseur, école dans dix minutes. Tremblante, je lui demande : « Mais toi non plus tu n'es pas triste ? » Ses yeux embués dans le miroir, Paula me regarde. « Mon Camillou chérie, je suis un peu triste, c'est vrai, car c'est l'unique fois où Georges aura eu du courage. Le reste n'est pas grave. Ne souffrons pas. »

Ma grand-mère adorée.

*

À Paris, « Beauvoir libérée », elle avait connu deux grandes histoires d'amour. Deux Pierre, gentils et drôles. Deux Pierre avec lesquels elle ne voulait pas vivre. Deux Pierre qu'elle a fréquentés comme une adolescente, de temps en temps.

Elle avait choisi de rejoindre l'Association pour le droit de mourir dans la dignité, et en était devenue secrétaire générale. Entre meetings et séminaires, je crois qu'elle partait elle-même chercher des solutions létales pour ceux dont la situation la touchait en particulier. Elle disparaissait en Suisse puis revenait sereine, sûre de ses choix et de ses actes. Elle m'expliquait tout, me donnait tous les détails. Sans doute avait-elle besoin d'en parler. J'étais fascinée par son engagement et son courage.

Mais je me souviens aussi de l'homme qui, au dernier moment, avait renoncé. Celui qui l'avait désespérée et qu'elle avait honni. Elle avait fait le voyage, tout était prêt. La demande correspondait aux critères. La maladie était là, aucun espoir, une mort lente évidente. Les produits avaient été préparés, les discussions étaient closes. L'homme voulait mourir avant de dépérir. Elle serait celle qui l'aiderait, elle serait son ultime liberté. Puis l'homme avait changé d'avis. Peut être avait-il eu peur. Il ne voulait plus partir comme ça. Il ne voulait plus mourir.

*

Tous les jeudis, Victor et moi déjeunions chez elle. Et, tous les jeudis, Paula nous accueillait avec son expression favorite : « Vous voilà. Chic alors ! »

Elle nous recevait en collants et justaucorps pour la gym. À poil parfois, le temps de se glisser dans son bain, « et qu'est-ce que ça peut faire, hein ? ! ». « Les jum', vous vous chargez de décongeler les surgelés. Des pommes-noisettes et du poisson pané. » Pour elle, toujours la même chose : fromage blanc, noix et fruits frais.

Nous nous rassemblions autour de sa table ronde. Elle nous parlait de Giscard et d'Eddy Mitchell. Elle adorait l'un et haïssait l'autre, qui avait un trop gros nez. Elle vantait l'intelligence des Américains, pieds sur la table, jambes en l'air, position beaucoup plus confortable que celle de ces couillons de Français assis à leur bureau. Chaque minute avec elle était un cadeau. Tout était intéressant. Tout me paraissait fondamental.

Elle mettait un disque et nous dansions. « Moi j'aime bien l'école, pigeon, pigeon vole. Pas tellement pour les dictées, mais parce que je peux m'amuser. » Elle s'asseyait et applaudissait : « Que vous dansez bien, les jumeaux, et qu'elle est idiote, cette chanson ! »

J'étais encore la seule fille, entourée de deux garçons. Ma grand-mère les adorait, et moi, elle me portait. « Ouvre les yeux, ma Camille. Ne les ferme jamais. Étudie mais n'oublie pas de séduire. Il faut savoir jouer de leurs codes. Les garçons, à tes pieds. Liberté, liberté ! »

Sur l'un des murs de son appartement, elle avait fait poser un planisphère en guise de papier peint. D'un côté l'Occident, de l'autre la Calédonie.

Le dimanche, Paula nous emmenait au cinéma. Je n'ai jamais entendu quelqu'un rire comme elle pendant la projection des *Dieux sont tombés sur la tête*. Durant des semaines et des semaines elle a ri en repensant à l'ouverture du film, quand la bouteille de Coca tombe du ciel. Elle pleurait de rire. Je voyais ses yeux se plisser, son visage se crisper. Elle semblait souffrir. Elle était désarmante.

*

Quand elle accepta de se rendre à mon récital de piano, elle riait aussi. Je devais avoir 10 ans.

J'avais une vieille prof, très vieille prof, qui pensait que j'étais douée. Peu importait que ma mère refuse que j'aie un piano pour répéter à la maison, qu'elle trouve ces cours ridicules, ma prof avait dégoté une salle en banlieue. Nous jouions à deux pianos, il fallait de la place. Mais de Paris à Nogent ou je ne sais plus où, il fallait bien m'accompagner.

Ma mère ne voulait pas en entendre parler : « Je suis très fière, mais tu me gonfles avec tes envies de petite fille modèle. » Mon beau-père n'était pas libre. Ma grand-mère s'y est donc collée. « Mais attention, si on y va, on y va vraiment. Bonnes manières et gants blancs. N'oublie pas, quand tu serres la main de quelqu'un, tu retires ton gant. On ne dit pas "Bonjour" mais "Bonjour, madame". » Larmes de rire. Paula était surexcitée. « Comment je dois m'habiller pour ressembler à une grand-mère du vieux monde ? ! Viens, on va m'acheter une robe à la con ! »

On débarque à Nogent. Courbettes, « Bonjour, madame ». Je suis fascinée, ma grand-mère est transformée.

Je me mets au piano. Fin de son jeu, début du mien. Je m'applique. Je me laisse emporter par ces notes, tant de fois répétées, par la confiance qui me lie à ma prof, derrière l'autre piano. J'adore ça. Chopin. Beethoven. Schubert. J'espère la convaincre. Il faut tout enregistrer pour mon beau-père. Ma grand-mère se tortille.

« Que c'était long ! C'était incroyable, mon Camillou, mais quel emmerdement ! Tirons-nous. Tu es une pianiste magnifique. La prochaine fois, on envoie ton père ! »

Paula me prévient : « La jeunesse est une beauté. Tu as 10 ans et cela passera. Viens, il faut l'immortaliser. » Elle prend rendez-vous avec un photographe professionnel. Elle veut des clichés au jardin du Luxembourg et aussi chez elle. Elle m'achète des fringues : gilet à pressions, jean et Pataugas. Je me souviens du rire de ma grand-mère, inconvenante, lorsqu'elle a demandé au photographe de bien vouloir me prendre à moitié nue, chez elle, devant la Calédonie. Il faut photographier mes épaules, mes cheveux, lâchés puis relevés. Agrandir le portrait. Surtout, penser à l'envoyer à mon père.

*

Paula était gaîté et générosité. Avec elle, je parlais. Elle m'apprenait le combat des femmes, elle m'entraînait dans ses débats. En la regardant, je comprenais l'indépendance – « quand on n'aime plus, on ne reste pas » –, et aussi le prix de chaque choix.

Toujours je me souviendrai de ce jour où, à Sanary, elle m'a annoncé qu'exceptionnellement elle ne nous suivrait pas pour les prochaines vacances, qu'elle préparait un voyage avec des copines en Italie. Des copines que je ne connaissais pas.

En maillot de bain toutes les deux, seins nus, nous avons tourné pendant plus d'une heure autour de la piscine. Mes bras attrapés par les siens, mains entremêlées dans nos dos similaires. « Raconte-moi Alexandre, ton amoureux. Et Samuel et Aurélien ? Ça n'a aucun sens de n'en avoir qu'un. Et Charlotte ? Raconte tes cours de danse moderne. Tu sais comme j'aime quand tu danses. N'oublie pas d'être tenace et combative, mais pas pour rien. N'oublie pas de réfléchir. Toujours. N'arrête jamais de réfléchir. Même quand tu danses, même quand tu ris. Surtout quand tu ris. Surtout pour rire. Réfléchir, ça peut être très drôle, tu sais. Je suis si fière de tes notes, si fière de ta liberté déjà. »

Ma grand-mère s'est tuée juste après.
1988. Elle avait 64 ans.
Moi, j'allais en avoir 13.

Victor me faisait réviser une leçon d'histoire, je la lui récitais. Mon beau-père est entré. J'ai vu sa terreur et j'ai demandé : « Vous l'avez retrouvée ? » Silence. Regard effondré. « Oui. » Mon frère a crié, je crois. Il a crié : « Tais-toi ! » Mais trop tard. « Je crois qu'elle a fait ce qu'elle a toujours dit qu'elle ferait. »

J'avais 12 ans. J'aurais dû ne rien comprendre. Mais j'ai compris. Immédiatement j'ai compris.

J'ai couru. J'ai couru dans ma chambre et j'ai hurlé. Je préférais me cacher.

Je crois que c'est la seule et dernière fois de ma vie que j'ai hurlé.

*

Ma mère est arrivée, entourée de ma tante et de mon oncle. Elle ne pouvait pas marcher. Quand elle a ouvert la porte, son regard a croisé le mien. Ce regard me suppliait de ne pas exister.

Les amis ont débarqué, les Niçois, les Sanaryens. Sont apparus les bouteilles de whisky, les médicaments,

Lexomil et Xanax. Et puis de la glace, beaucoup de glace, pour les yeux de ma mère.

Elle était assise par terre, près d'une bassine de glace, ses yeux disparus. Mario et Zazie pleuraient. Ces adultes, mes enfants. Les uns s'occupaient du corps, de la police. Les autres tentaient de comprendre. Leurs larmes me contraignaient au silence. Elles m'enjoignaient d'être tendre, de percevoir leur drame. Ma grand-mère, c'était surtout leur mère à tous.

Dans le couloir, j'ai croisé mon beau-père, agité.

Paula avait beaucoup saigné. Les heures passées à laver la moquette n'y suffiraient pas. Mon beau-père me l'a expliqué. Pas de pistolet cette fois. Des médicaments. Beaucoup. « Son visage a explosé. »

Sur la lettre qu'elle avait laissée, elle avait écrit : « je ne souffre pas » et puis elle avait barré les mots, ces derniers mots. Elle n'a pas dit au revoir, elle a dit : « Ne souffrez pas. » Autour d'elle, elle avait disposé souvenirs et objets. La dernière rédaction de Victor, celle où il racontait que, plus tard, il ouvrirait une pizzeria avec mon père et que la vie serait belle.

*

Ma mère ne m'a pas parlé. Quelqu'un l'a annoncé : « Vous irez dormir chez Bernard. Il arrive. Il vient vous chercher. »

Nous devions rejoindre notre père. Encore, toujours, ma mère, doucement mais fermement, ordonnait mon chagrin. Ma grand-mère s'était librement intoxiquée. Les Sanaryens pouvaient, eux, se rassembler, se soutenir, mais nous, les petits-enfants, les enfants si petits de Paula, nous devions nous éloigner. Ne pas rester. Pour nous protéger ou les protéger.

Mon père est arrivé. Devant moi, il ruisselait. Des larmes profondes. Des larmes silencieuses. Insupportable expérience. Lui, la bête de courage, lui, l'aventurier qui ne pleurait jamais. Sur mes 12 ans, il a posé son regard : « N'exagère pas ta souffrance. »

Il est resté un peu, nous a envoyés dans nos chambres pour préparer nos affaires, puis il nous a emmenés. Il n'a pas pris mon grand frère. Lui pouvait rester. Colin ne gênait pas. De ses yeux ébahis, terrassés, ne naissait aucune contrainte. Juste une sidération. Douce. Posée. Calme. Pas besoin de s'en occuper.

J'ai regardé mon beau-père, je l'ai supplié de me garder. Dans ses bras, longtemps, il m'a bercée : « T'en fais pas, mon p'tit loup, c'est la vie, ne pleure pas. » Mon beau-père tentait de me donner du courage. « Ma Camouche, je m'occupe de ta mère. Elle est trop fatiguée. Mais je suis là. Demain, tu verras, je serai là. »

Nous avons marché jusqu'à chez Bernard. À peine arrivés, il nous a dit d'aller nous coucher. Le père-médecin a lui aussi choisi les médicaments : « Au lit, maintenant, vous dormirez habillés. Ouvrez la bouche, un somnifère chacun, et au collège, dès demain. »

Tout était dit, rien expliqué.

*

Après le collège, dès le lendemain, je suis retournée chez ma mère.

La maison était bondée. Il n'y avait nulle part où
pleurer. Toute la journée, les Sanaryens restaient là.
Toute la journée, ça picolait. Ils pleuraient tous leur
mère suicidée.

Victor comme mon ombre, Colin comme une
ombre. Mes frères glissaient dans le silence. Perdus,
muets. Je me souviens d'avoir cherché le plus petit
recoin de calme, le plus petit endroit de paix. Je
me souviens d'avoir cherché une oreille, une main.
Mais partout c'était du bruit que je trouvais. Partout,
des larmes plus bruyantes que mon désespoir. Les
couloirs étaient envahis, les chambres enfumées, la
cuisine débordante. Je ne voyais plus ma mère, plus
mon beau-père. Tout était brouillé.

Chez Marie-France aussi il y avait du monde, partout. Le soir, la famille était chez elle, le matin, ils
étaient chez nous. Josée, récente recrue de la *familia
grande*, m'a attrapée par le bras dans le couloir :
« Moi, je lui en veux, à Paula, c'est dégueulasse de
nous avoir fait ça. Pas toi ? »

*

Les jours ont passé, l'un après l'autre, dans une
lenteur effondrée. Pour moi, il était impossible
de respirer. Enfant étouffée par une mélasse de
Sanaryens terrassés.

Il fallait attendre, attendre. L'enquête des flics, l'autopsie demandée. Des jours et des jours avant qu'on puisse l'enterrer.

Il a fallu faire venir la sœur de Paula des Pays-Bas. « Camille et Victor, vous vous en occuperez. » Cette Marie-Claire que nous ne connaissions pas. Lui laisser une chambre, la promener.

Et enfin, l'enterrement au cimetière du Montparnasse. Le monde qu'il y avait. Une foule militante et désespérée, venue saluer la liberté qu'avait ma grand-mère de se tuer.

À côté d'Évelyne, de Marie-France et de Gilles, nous nous sommes mis en ligne. Les gens avaient peu de mots pour nous, les petits-enfants. Chacun venait embrasser les parents, chacun savait que c'était la fin. La fin de la révolution, du combat, de la candeur de ma mère surtout. La fin.

*

Ce jour-là, j'ai été ensevelie par la peur.

Depuis, j'ai peur. Qu'un événement survienne, qu'il arrive quelque chose aux gens que j'aime. J'anticipe, j'analyse, je préviens. J'ai peur. Un pressentiment irrémédiable. Et ma raison n'y fait rien.

Des peurs irrationnelles. Le cœur qui bat au moindre bruit. À l'insupportable sonnerie du téléphone, tout le temps. La peur de la voiture. La peur de l'avion. L'impossibilité de respirer, vingt fois dans la journée. Plus tard, la peur pour mes enfants. La peur de tout, tout le temps.

Ces peurs prennent tout l'espace et nourrissent ma culpabilité.

Peur d'avoir l'air triste, de rire et de déranger. Peur de réussir et de ne pas y arriver. Peur de dépasser Victor et de ne pas avancer. Peur du plaisir annoncé et de ne pas savoir en profiter. Avoir envie de faire mille choses, les commencer, et toujours finir par y renoncer.

Depuis ce jour-là, dès que le calme s'installe, j'attends le drame. Quelque part, bientôt. Le drame qui en un tournemain, en une fraction de seconde, modifie la réalité à jamais. Le drame qui ne te demande rien et ne te donne pas d'explication. Le drame auquel tu dois t'habituer parce que tu n'y peux rien. Le drame du souffle coupé, de la vie pour toujours modifiée, des rires annulés, du bonheur mort-né.

*

Je ne me suis pas trompée. La vie, nos vies se sont arrêtées là.

Dans le regard de ma mère, pour moi, plus rien, plus jamais.

Le jour où ma grand-mère s'est suicidée, c'est moi que ma mère a voulu tuer. L'existence de ses enfants lui interdisait de disparaître. Nous étions le rappel de sa vie obligée. J'étais sa contrainte, son impossibilité.

Le jour où j'ai perdu ma grand-mère, j'ai perdu ma mère. À jamais.

*

La vie n'a plus jamais été la même.

Les parents ont décidé de louer une maison à une heure de Paris pour se retrouver tous ensemble chaque week-end, et parfois même pendant la semaine. Ma petite sœur Luz venait d'arriver. Les enfants, les amis, les amis et leurs enfants, se multipliaient. C'en était fini de l'intimité.

À la maison, ma mère buvait le soir. Mon beau-père la servait et la servait encore. Ça l'aidait à dormir, ça l'aidait à s'en sortir. Il ne fallait surtout pas lui en parler. Lèvres noires. Dents noires. Haleine épaisse. Visage effacé. Et souvent une telle méchanceté. Des mots vulgaires, des mots perçants, des mots terrassants. Jusqu'à l'oubli, heureusement. L'oubli de tout, l'oubli de nous. Le soir, ma mère me parlait, et le lendemain elle ne se souvenait plus de rien.

Évelyne s'est emmurée. Chaque jour, enfermée dans son bureau, elle relisait, relisait la lettre de Paula. Et pleurait, pleurait sans arrêt. Il n'a plus été question de se retrouver après le collège. On filait direct dans nos chambres. « Votre mère n'a pas le courage de parler. »

Un jour, j'ai insisté. Je suis entrée dans son bureau pour voir comment elle allait. Je me suis approchée et elle s'est effondrée. Sous ses yeux, il y avait encore la lettre de Paula. J'ai pris ma mère dans mes bras et toujours je me souviendrai de ce moment-là. Son front dans mon cou, ses épaules tremblotantes, ses bras autour de moi. Toujours je me souviendrai de sa petite voix qui répétait : « Ma maman, ma maman… »

Chacune ses larmes et ses ambiguïtés. Quand je pleurais, ma mère m'engueulait. Il fallait savoir respecter, tenir le choix pour un haut fait. Se désespérer, c'était renoncer à la liberté. Je n'en avais pas le droit. « Camille, sois forte. Pour moi, pour elle, ne souffre pas. »

1988.

Bernard entre dans les ministères dès le premier gouvernement Rocard, dès les suicidés. Secrétaire d'État, bientôt élu « personnalité préférée des Français ». Qu'ajouter ?

Moi, je suis au collège à Henri-IV. Je sors de chez moi comme on sort d'une chrysalide. Je sors de chez moi condamnée à la métamorphose. Fille de ministre je deviens, privilégiée je suis. Je passe la journée en apnée. Complètement désincarnée.

Le prof de maths, qui depuis le début de l'année m'a dans le nez, ne me laisse pas respirer : « Kouchner, vous avez l'air bien fatigué. Au tableau ! Faire des maths vous servira sans doute à compter votre fric. Mais n'oubliez pas la littérature, c'est bien pour les discours. Vous pourriez peut-être le dire à votre père… » Mon grand-père à la tête arrachée, ma grand-mère suicidée au nom de la liberté, la glace pour les yeux de ma mère, les bouteilles de vin à déboucher… Pourquoi est-elle morte ? Pourquoi se sont-ils tués ? Pourquoi m'ont-ils laissée ? « Oui, oui, monsieur, pardonnez-moi mon père. Je le lui dirai. »

Où que j'aille, restaurants, vacances, esthéticienne, dentiste, médecin, gym et même à Sanary, on me pose la même question : « Alors, comment va papa ? » Moi, soumise : « Très bien, je vous remercie », ou ulcérée : « Ah, vous aussi vous l'appelez "papa" ? ! », mais toujours blessée, toujours je me tais. Je ne sais pas comment il va, je ne le vois jamais.

Son nouveau chauffeur me fait passer un petit message entre deux trajets, le garde du corps en rajoute une couche : « Soyez plus gentille avec votre papa. Il est très occupé, je le sais, mais grandissez ! » Dans mon silence : J'ai 13 ans mais vous pouvez peut-être vous adresser à moi autrement, non ? Et puis, de quoi je me mêle ? Je suis ravie qu'il soit occupé, moi. Au risque de vous choquer, j'ai une vie moi aussi.

Enfin, j'essaye.

Je me souviens du soir où Mario a débarqué pour nous prévenir alors que nous étions tout seuls chez Bernard. « Les chéris, je suis venu vous expliquer : nous avons reçu des menaces au ministère. Rien d'extraordinaire, si ce n'est que cette fois vous en êtes très sérieusement l'objet. Votre père m'envoie. On va un peu vous surveiller. »

L'adolescence prend le dessus. Je n'ai pas peur, j'enrage. Surveillés comme ne plus faire le mur de chez Bernard le soir ? Surveillés comme ne plus fumer de clopes dans la rue ? Surveillés comme ne pas rouler de pelles à des copains très émus ? Ou surveillés comme plus tard, au supermarché, lorsque je signerai un chèque pour régler une course et que, devant tout le monde, la caissière hurlera : « C'est quoi ce nom ? Vous n'allez tout de même pas me faire croire que vous êtes la fille du ministre ? ! J'ai lu les journaux, ils n'ont qu'un fils » ?

Surveillés et délaissés. Sécurité et insécurité.

*

1988.
Cet hiver-là, Colin part. Il a 18 ans. Il fait de la place pour Luz, arrivée en février. Paula est morte en mai, Évelyne a hérité. Elle a de quoi acheter un studio à mon frère. Colin quitte sa chambre et me la cède. Il déserte la maison. Il vit sa vie. Est heureux comme il peut. Enjoué malgré la math sup et la disparition de Paula. Mon grand frère s'en va. Il n'est plus avec moi et me manque tant.

Lang revenu à la Culture, Évelyne aussi s'en va, à sa façon. Nommée directrice du Livre, elle se dit qu'elle n'a pas le droit de refuser.
Le matin, alors qu'auparavant jamais les parents ne se levaient, ma mère s'habille. Elle qui n'a jamais porté de robe s'impose tailleur et inconfort. Elle met sa veste, folle de rage, y ajoute des pin's de couleur, du toc, pour plus de chaleur. Perroquet, coccinelle rouge et noir. Elle m'embrasse – son parfum a changé, l'*Aromatics Elixir* remplace le *Creed* que j'adorais – et me dit : « Pourvu que j'arrive à

passer la journée, je suis déjà crevée… À ce soir. »
En bas son chauffeur l'attend, devenu son confident
et protégé. Elle l'adore. Je passe le « relais ».

Moi, j'essaye de m'occuper de ma petite sœur.
Luz, dont l'histoire est bien entendu plus difficile
que la mienne. Abandon et adoption. Je n'ai rien à
ajouter.

Moi, élève brillante pour satisfaire ma mère, je
grossis. Je pleure très peu et je me tais. Chaque jour,
je perds ma mère. Chaque jour, mon père s'éloigne.
Chaque jour, je pense à ma grand-mère.

Certains profs tentent d'alerter Évelyne :
« Madame, ce ne sont pas ses résultats qui sont pro-
blématiques. Votre fille a l'air triste. C'est plutôt ça
qui nous ennuie. » Ils lui demandent de m'envoyer
consulter un psy. Elle m'engueule. Comme sa mère
avant elle, elle me dit que je suis beaucoup plus
maligne que ces charlatans d'analystes. Elle me dit
que seuls les résultats scolaires comptent, que je
dois réussir.

Et ma mère, devant laquelle je me tais, boit dès le
soir tombé, et refuse de l'admettre : « Pas question
d'en discuter. C'est ma liberté. »

Je suis terrorisée par sa mort, lente et annoncée.

Victor m'a demandé de venir le voir dans sa chambre. C'était après la première fois. Quelques semaines après, je crois. Il m'a dit : « Il m'a emmené en week-end. Tu te souviens ? Là, dans la chambre, il est venu dans mon lit et il m'a dit : "Je vais te montrer. Tu vas voir, tout le monde fait ça." Il m'a caressé et puis tu sais… »

Je connais mon frère, il est apeuré. Plus qu'emmerdé de me parler, il guette mon regard, essaye de savoir : « C'est mal, tu crois ? » Ben non, je ne crois pas. Puisque c'est lui, c'est forcément rien. Il nous apprend, c'est tout. On n'est pas des coincés !

Mon frère m'explique : « Il dit que maman est trop fatiguée, qu'on lui dira après. Ses parents se sont tués. Faut pas en rajouter. » Là, je suis bien d'accord.

Il me dit aussi : « Respecte ce secret. Je lui ai promis, alors tu promets. Si tu parles, je meurs. J'ai trop honte. Aide-moi à lui dire non, s'il te plaît. »

Et parfois : « Je ne sais pas s'il faut se fâcher. Il est gentil avec moi, tu sais. »

Mon cerveau se ferme. Je ne comprends rien. C'est vrai qu'il est gentil, mon beau-père adoré.

Je les ai si souvent vus faire. Je connais bien leur jeu. À Sanary, certains des parents et enfants s'embrassent sur la bouche. Mon beau-père chauffe les femmes de ses copains. Les copains draguent les nounous. Les jeunes sont offerts aux femmes plus âgées.

Je me souviens du clin d'œil que mon beau-père m'a adressé lorsque, petite, j'ai découvert que sous la table il caressait la jambe de la femme de son copain, le communicant avec lequel nous étions en train de dîner. Je me souviens du sourire de cette femme aussi. Je me souviens des explications de ma mère à qui je l'ai raconté : « Il n'y a rien de mal à ça, mon Camillou. Je suis au courant. La baise, c'est notre liberté. »

Je me souviens encore que, après une autre soirée, une main courante a été déposée. La jeune femme, à peine 20 ans, était endormie lorsqu'un garçon s'était glissé dans son lit. Elle s'était enfuie à Paris et avait prévenu ses parents. Des explications avaient suivi. La jeune femme a été répudiée, vilipendée par mon beau-père et ma mère, effarés par tant de vulgarité. Quant à moi, on m'a expliqué ce qu'il fallait en comprendre : la fille avait exagéré.

Mais avec mon frère, ça aussi c'est autorisé ?

*

Un an. Des années. Deux ou trois. Je ne sais pas.
À Paris, à Sanary.

Mon beau-père entrait dans la chambre de mon
frère. J'entendais ses pas dans le couloir et je savais
qu'il le rejoignait. Dans ce silence, j'imaginais.
Qu'il demandait à mon frère de le caresser peut-
être, de le sucer.

J'attendais. J'attendais qu'il ressorte de la
chambre, plein d'odeurs inconnues et immédiatement détestées. Il entrait ensuite dans la mienne.
Ma nouvelle chambre qui désormais séparait celle
de Victor de celle des parents. Cette chambre-péage.
Cette chambre-témoin obligé. Pendant ces longues
années.

Mon beau-père entrait dans ma chambre et, sans
doute pour me faire taire, s'asseyait sur mon lit. Il
me disait : « Tu as mis une culotte ? Tu sais que je
ne veux pas que tu mettes de culotte pour dormir.
C'est sale. Ça doit respirer. » Il me disait : « Tu sais,
pour ta mère, chaque jour est une victoire. Chaque
jour est un jour de gagné. Laissez-moi faire. On va
y arriver. »

Il entrait dans ma chambre, et par sa tendresse et
notre intimité, par la confiance que j'avais pour lui,
tout doucement, sans violence, en moi, enracinait
le silence.

*

La culpabilité est comme un serpent. On s'attend à ce qu'elle se déploie en réaction à certains stimuli mais on ne sait pas toujours quand elle viendra vous paralyser. Elle fait son chemin, trace ses voies. La culpabilité s'est immiscée en moi comme un poison et a bientôt envahi tout l'espace de mon cerveau et de mon cœur. La culpabilité se déplace d'objet en objet. Elle se greffe plusieurs visages et vous fait regretter tout et n'importe quoi. Ma culpabilité a plusieurs âges. Elle fête tous ses anniversaires en même temps que moi. Ma culpabilité est ma jumelle. Une nouvelle gémellité.

Et d'abord, la culpabilité noie la mémoire. Elle efface les dates pour laisser sa proie dans le noir. Ni Victor ni moi ne pouvons dire avec certitude l'âge que nous avions à ce moment-là. 14 ans, je crois.

*

À cet âge-là, ma culpabilité naît du mensonge. Elle est légère. Je mens à ma mère et je n'aime pas ça, mais je veux avancer, je veux m'amuser. Bien sûr, il y a les suicidés et le désespoir de mes aînés, bien sûr, mon souffle est déjà coupé, mais rien dans mes tripes ne se tord encore.

En troisième, il y a Esther, Paul, Vincent, Théodore. On est le Club des 5. Ou plutôt, c'est comme ça qu'on nous appelle : « Ceux-là sont toujours ensemble. » On se cherche. Toute la journée, on se cherche. Ils sont à Montaigne quand je suis à Henri-IV, mais à chaque pause-déjeuner et tout de suite après le collège on se rejoint. On se rejoint pour les devoirs, pour les cafés, pour Dave Brubeck, pour Astrud Gilberto, pour parler, se coiffer, s'habiller, lire, chanter, se respirer. On se rejoint pour danser, énormément. Pas un soir où je ne dorme seule. Que l'on soit chez les uns ou chez les autres, on dort ensemble. Tout le temps. On s'aime en groupe. On s'aime absolument. Je les aime et rien, je ne leur dis rien.

En troisième, j'abandonne mon frère. Ça, je m'en souviens. Après avoir eu peur pour ma mère, je fuis ma maison et abandonne mon jumeau. Pour la première fois. Victor ne participe pas à mes amitiés. Il n'est pas là. Pas dans ma vie. En troisième, j'ose encore, je m'en remets à la liberté. Je m'en vais. Liberté de jumelle désenchaînée, liberté de jumelle déchaînée. Ils sont quatre à me permettre de me détacher de la gémellité, de quitter Victor.

Ce n'est que plus tard que je m'en voudrai de l'avoir laissé. Le serpent ne se mettra vraiment à danser que quelques années après.

On croise depuis peu des ministres en plus des intellos à Sanary. Tous à la pétanque, à se faire engueuler par mon beau-père, amusé et survolté. Ma mère est effacée. Plus encore qu'avant, mon beau-père règne.

À qui veut bien l'entendre, il annonce qu'il conseille le président du Conseil constitutionnel, la juridiction suprême.

À la Cour comme à la ville, il se fait roi. Il est le roi de la Plaine du Roi.

Au fil des étés, ses amis se renouvellent. Il faut dire qu'il sait éloigner les infidèles. À moins que ce ne soit eux déjà qui préfèrent ne plus participer. Remplacés par d'autres, Fabienne et Henri viennent de moins en moins. Comme Luc, Patrick ne sera bientôt plus là. Gilles s'est éloigné depuis longtemps. Rosanne achète sa propre maison tout près. Plus tard, c'est Marie-France et Thierry qui s'en iront, mais pas loin non plus. Ils auront une propriété à eux, à un quart d'heure de Sanary.

Dès 1990, la gauche révolutionnaire le cède à la gauche caviar.

Le pouvoir rapporte. Il n'est plus question d'école publique pour les petits. Luz, Pablo et tous les « cousins » sont inscrits dans le privé, à l'École alsacienne, qu'on m'a pourtant appris à détester. Les enfants travaillent aussi le réseau des parents. Pendant ce temps-là, mon père chante : « Il n'y a plus d'après à Saint-Germain-des-Prés. »

À Sanary, Rocard, Cresson, Bérégovoy, plus tard Jospin trouveront plus de fans que Castro et Allende. Fans de pouvoir, souvent arrivistes-nés.

Mon beau-père entend ancrer tous ces gens dans son obsessive identité. La *Familia grande* est une AOC.

Pour cela, il se sert de ma mère, et de ses amours passées. À son décès, il affichera des photos d'elle et de Fidel. Même mon père, au centre des amants, sera encadré. Plus tard, mon beau-père fera chanter Teo, son ami chilien, sans comprendre un mot d'espagnol. Et cette propagande fonctionnera. Longtemps et de plus en plus sûrement.

L'une de ses anciennes amies, cuvée 2010, je dirais, fournée éditorialistes politiques ou journalistes mal renseignés, récitera sans savoir à l'enterrement de ma mère : « Nous sommes la *familia grande*. » La gauche de la rive gauche. La *familia grande* de Saint-Germain-des-Prés. Ceux-là ignorent qui l'on est. Pour la plupart, je ne les ai jamais rencontrés.

Dès 1990, on ne tient plus à table à Sanary. Trop de monde. Dîner des enfants, les petits, puis dîner des grands. Moi, je suis maintenant à table avec les vieux.

À peine 15 ans, et je fume avec les parents. À Sanary, rien n'est interdit. Ma mère m'achète mes paquets de cigarettes mais trouve que mon père pourrait me les payer. On fume un peu de tout, en réalité.

À peine 15 ans, et mon beau-père se fait photographe. Les culs, les seins, les peaux, les caresses. Tout y passe. Sur les murs de la Ferme, les images sont exposées en grand. Dans la cuisine de cette maison des enfants, une photo de sa vieille mère, quasi nue dans le jacuzzi, seins flottants à la surface de l'eau. En quatre par quatre, un gros plan des miens et une photo des fesses de ma sœur dévalant le chemin. Il me dit : « Je n'aime pas ta bouche, ma Camouche. Tes lèvres sont trop fines. C'est dérangeant. » Je hais mon corps.

*

À la faveur de ce tumulte désorganisé, enfermée dans sa chambre ou à la piscine, maillot à mi-fesses, *Scrabble* et mots croisés, ma mère n'a plus besoin de parler. Elle est à l'abri. Elle laisse faire son mari. Et l'en remercie.

Plus tard, mon beau-père fera construire une troisième maison dans la propriété : la Maison

Rouge. Un nom tout trouvé. Le mythe pourra perdurer.

Il y installera Hélène, fille de Simone, cheffe de la cuisine de la Grande Maison. Il lui dira : « Vous pouvez y rester à l'année mais il faudra participer, aider la *familia grande*. » Depuis qu'elle habite avec sa mère dans la Grande Maison, mon beau-père dit : « Hélène, c'est comme ma sœur. » Une sœur qu'il fait travailler toute la journée.

Pour l'heure, nos soirées changent. Les enfants, prière de dégager. À nous les sorties ! « Il est 11 heures, les chats, virée en boîte autorisée. » Une fois, deux fois, puis tous les soirs. « Hélène, tu les emmènes, tu les fais entrer… Bien sûr qu'ils sont jeunes, mais nous sommes les parents et nous avons décidé qu'ils pouvaient. La vie, c'est pas fait pour s'ennuyer. Vous croyez la jeunesse décadente, visez un peu ce qu'est la liberté ! »

Direction le Night ! On part en voiture. De Sanary à Hyères ou Saint-Tropez, on a plus de quarante-cinq minutes pour se maquiller, se grandir, avoir l'air autorisé.

On danse, on drague, on boit.

À 4 ou 5 heures du matin, on est de retour. Je ne sais plus qui conduit ni qui, complètement ivre, sur l'autoroute, vomit par la portière. Les parents n'ont aucune idée d'où on est. On fait un détour pour chanter une chanson d'Amina sous les fenêtres de Daniel, l'amant d'Hélène. Dans la nuit, nous dansons : « C'est le dernier qui a parlé qui a raison dans ta maison, c'est celle qui m'a donné un nom qui a raison, de toute façon. »

Et le lendemain Évelyne, ma maman, vient nous réveiller. Elle ouvre les volets, la clope au bec, déjà prête à crever, à nous asphyxier, « mais "on s'en fout, ma doudou, on s'en fout"… ». « Debout, les jum' ! Il est 13 heures. Soyez prêts pour le déjeuner. Alors, vous vous êtes bien amusés ? »

*

D'abord, vouloir le calme. Protéger ma mère. Pas d'autres drames, je vous en supplie ! Automatiquement, le secret s'est installé. Pas un mot à mes parents, pas un mot à la famille, pas un mot à mes profs, pas un mot à mes amis. Pas même au Club des 5, Esther, Théodore, Vincent et Paul. Ni à aucun des autres après.

Ensuite, penser que la liberté implique de vivre « comme les grands ».

Pour un enfant intelligent, rien ne doit être surprenant. Colin est un jeune adolescent quand ma mère lui envoie une de ses copines, une Sanaryenne dévouée, pour le déniaiser. Vingt ans de plus que lui, on va s'gêner ! Mon frère est flatté mais largement effrayé.

Moi, encouragée par les parents, depuis petite je masse les plus grands. Pendant des heures, des après-midi entières, à la piscine, dans le dortoir, dans les champs, je caresse, gratte, soulage les tensions.

Plus tard, l'une des enfants me racontera : « À Sanary, j'avais 12 ans quand ton beau-père est venu me rouler une pelle derrière le dos de mes parents. Et je n'ai rien dit. »

Croire qu'on a de la chance d'être ainsi entourés.

Année de seconde. Ma concentration, mon énergie sont consommées. Contrairement à ce que disent les profs, je bosse. Contrairement à ce que disent ceux qui me parlent, je les écoute. Mais je n'entends plus rien. Je ne comprends plus rien. Je ne comprends même pas pourquoi. Le tableau noir est une torture. En sciences surtout. Toute logique m'échappe.

Fin de la seconde. Je disparais. Je me dissous pour mieux me taire. Je ne suis pas à la hauteur des attentes de ma mère. Je veux faire des lettres et elle n'est pas d'accord. Elle prévient mon père, qui s'exaspère. À Henri-IV, les profs râlent : « Elle pourrait faire mieux si elle bossait un peu. On ne la prend pas en scientifique. Elle fera sa première S à Fénelon, si vous tenez à la forcer. Son frère, lui, peut rester. »

La seconde. Une année blanche. Année de coton, et de lumière surexposée. Pas beaucoup mieux en première. Rien à faire. Je laisse faire.

Je laisse faire ma mère : « Ton frère Victor s'en va. Il veut partir. Il est trop chiant. Viouli a tout organisé, il lui a pris une chambre dans l'immeuble d'en face. Vous n'avez que 17 ans mais je veux qu'il parte, qu'il arrête de tout critiquer. »

Sans Victor à la maison, à jamais, je suis divisée. Colin est parti depuis longtemps. Je suis sans mes frères. Je reste seule face aux parents, avec Luz et Pablo, et avec mon secret.

*

Je suppose que l'inceste a cessé quand Victor est parti, mais je n'en suis pas sûre. Mon frère s'est éloigné et je n'ai plus vraiment su ce qu'il se passait.

Pour moi, les années qui ont suivi ont été des années d'alerte permanente. Des années de dédoublement, de dissociation. Des années de violentes contradictions. La colère n'est pas venue tout de suite. L'incompréhension a subsisté longtemps, suivie du silence, pour un moment encore plus long.

Les années qui ont suivi ont été des années de coupable adoration.

Pendant toutes ces années, plus que me taire, j'ai protégé mon beau-père. Notamment lorsque mon frère a décidé de le stopper, lorsque Victor m'a dit qu'il tentait de le fuir : « J'en ai rien à foutre de ce con, fais comme si de rien n'était. Fais-le, pour Évelyne. Lui aussi va se suicider et elle ne va pas le supporter. »

Pendant toutes ces années, et longtemps après, j'ai protégé mon beau-père.

Pas parce que mon frère me le demandait mais parce que je l'aimais comme un père et que dans l'explosion de notre famille, face à la dérive de ma mère, il était tout ce qu'il me restait.

Parce qu'il organisait nos vacances, nous emmenait au ciné et bientôt m'apprendrait le droit.

Parce que toute mon enfance, toute mon adolescence, après les suicides, mon beau-père m'a portée. Parce qu'il savait ce que me murmurait Paula, ce que m'apprenait ma mère, ce qu'était Marie-France pour moi. Parce qu'il essayait tant bien que mal de me relever. Parce que personne d'autre que lui ne m'offrait cela. Parce qu'il me connaissait par cœur, avec son cœur.

*

Ces années sont passées, en silence, calmement. Années de cris sourds, pourtant.

Auprès de ma mère, je m'efface. Je me tais pour l'alerter.

Lors d'un dîner en « thalasso post-suicides », je lui dis : « Je suis là mais je ne suis pas là. » On a pourtant, et pour la première fois, du temps à deux. Rituel thalasso depuis le revolver et les médocs. Une semaine en tête à tête pour que ma mère arrête de boire. Une semaine pendant laquelle elle souffre et travaille d'arrache-pied. Une semaine à la supporter. Une semaine avec des vieux, des chignons qui toussent, des ennuyeux. Une semaine loin de mes frères. Une semaine où j'ai été désignée pour protéger ma mère.

Bien sûr, elle veut le cacher. Elle a honte du fric dépensé et me prévient : « Je t'offre ça mais promets-moi que tu perds trois kilos. » On bouffe rien, on est dans l'eau toute la journée. Le maillot de bain humide et les doigts fripés, mycoses assurées. En peignoir, à s'emmerder. On essaye de ne pas se bouffer le nez.

Je vogue. Je flotte. Je navigue sur la réalité. Mais quand, à table, elle me dit : « On s'emmerde, tu pourrais me parler », et m'impose de redescendre de mon absence, je suis interloquée. Mon cerveau m'envoie l'info : nous étions là, elle était là, j'étais là. Il faut parler.

Que dire à ma mère que j'aime tant ? « Je suis là mais je ne suis pas là, maman » ? Je ne pense à rien d'autre. Je voudrais lui parler mais je n'ai rien à lui dire. Rien ne vient. Évelyne se met en colère : « Comment peux-tu ? Te rends-tu compte de ta violence ? Je t'invite ici et tu n'arrives pas à être avec moi. » Elle pleure. Sans alcool, elle pleure. Sans sa mère, ma mère pleure. Et moi, je suis là mais je ne suis plus là.

1995. J'ai 20 ans.

Colin part vivre au Texas, Victor à Madrid. Je reste à Paris. Paralysée. Anesthésiée.

Victor part en voiture. Sur le trottoir, je sens mon estomac se retourner. Première séparation « je m'en vais ». Première séparation « je compte sur toi, ma sœur, pour ne rien laisser s'effondrer, je reviendrai ».

Colin est trop loin pour que je puisse l'appeler. Nous nous écrivons des lettres profondes et bavardes qui me permettent de me taire.

Leur départ est pour eux une chance. Un soulagement, même. Je ne leur en veux pas. Mais je suis seule et je comprends, pour la première fois, que je le resterai.

*

Le voile, dans les yeux de ma mère, teint de tristesse et d'agressivité, ne passe pas. Je vis son chagrin. J'ai du mal à respirer. Elle en veut à tout le monde, aux plus proches surtout. Elle ne le dit pas mais je le sens. Elle nous en veut de la forcer à vivre. Exaspérée par ceux qui arrivent à survivre.

Ma mère s'en prend même à sa sœur.

Marie-France va mieux. Elle a choisi d'interpréter au théâtre *Le Père humilié* de Claudel. Plus tard, du Guitry. Ma mère croit pouvoir exiger qu'elle renonce, l'injurie, l'humilie : « Claudel, cet infâme, ce vieux réac ! Comment peux-tu faire ça à maman ? Tu n'as donc rien retenu ! Aucun sens critique ? L'art ne justifie pas tout. Ne renonce pas au combat idéologique. Sois courageuse. De quel côté aurais-tu été en 1940 ? » Et « Guitry, ce misogyne ! ». Marie-France est horriblement blessée.

Ma mère n'ira pas la voir au théâtre, m'intimera l'ordre de ne pas m'y rendre non plus, sans m'expliquer. La presse sera dithyrambique, les pièces seront des succès. Quoi qu'en dise ma mère, plus tard, j'irai voir Marie-France chaque fois qu'elle jouera.

*

Je quitte l'appartement familial dès la première année de droit.

Je ne vais plus en cours. À quoi bon ? Je travaille chez moi, seule. Je révise la veille des examens.

Je fais de ma vie intime une vie de violence. Là, au moins, je crois m'octroyer le droit de décider. C'est mon champ de bataille à moi. Ma vie privée.

Mes amis vont mal, et c'est en cela que je leur trouve un intérêt. De manière générale, je n'arrive à entretenir que faiblement les amitiés ; je suis très présente et puis je disparais. Charlotte me le reproche. D'autres après elle. Je le sais.

Les garçons que je choisis sont des étoiles filantes. C'est ma condition. Aucun n'est autorisé à s'arrêter. Aucun n'est autorisé à creuser. Leur indifférence est, pour moi, la seule marque de respect.

Je passe comme une ombre chez mes parents, pour les rassurer, les embrasser.

Ma mère est à nouveau prof et bosse toute la journée.

J'essaye de m'occuper de Luz et de Pablo. Avec Victor, on s'est promis d'être vigilants.

La DDASS l'a recommandé : mieux vaut que, dès le plus jeune âge, les enfants adoptés soient suivis par des psys. Enfin une bonne idée. Victor appellera celui que consulte Pablo pour s'assurer que rien n'est arrivé à son petit frère, il racontera les agressions. Le psy coupera court à la conversation : « Vous n'avez pas le droit de m'appeler. Vous n'êtes pas mon patient », et se taira. Heureusement, ce psy rendra bientôt son tablier.

Luz et Pablo consultent des spécialistes et je dis à ma mère que c'est moi qui les accompagnerai. Je surveille, Victor explique. Ma mère, plus tard, écrira un livre pour se plaindre de mon frère, de l'adoption, et de ses grandes difficultés.

Rien ne m'amarre. Je suis loin de moi, d'eux, comme droguée. Je ne m'attache à rien. Je suis dans mes pensées en permanence mais ma tête est vide. Avec le départ de mes frères, j'ai quitté la réalité. Je poursuis toujours le même rêve : me faire pardonner.

*

C'est à cette époque, je crois, que les têtes du serpent ont commencé à se démultiplier. Difficile de dire exactement quand et comment.

Jusqu'à mes 20 ans, l'hydre n'était qu'un serpent. Le reptile a nourri ma sidération. Je n'étais nulle part. L'absence dans la présence. Plus rien ne m'intéressait. Je n'arrivais à faire aucun choix. Je préférais simplement ne pas être là. Surtout ne pas exister. M'inscrire à la fac de droit était une facilité. J'essayais d'être la même que les parents pour m'interdire de les critiquer. Comme ça. Des années enchaînées, lentement, sans aucun intérêt.

Puis l'hydre s'est invitée, elle a insisté, présenté de nouveaux traits. La tristesse s'est jointe à la stupéfaction première. S'y est ajoutée la colère. Tristesse pour ma mère, colère contre moi. Immense culpabilité d'exister.

*

Seule à Paris, je regarde ma mère. Seule à Paris, j'essaye de la retrouver. Elle n'a plus que moi à déshabiller de son regard bleu merveilleux. Poursuivons nos habitudes. « Viens, on va au tabac d'à côté. » Moments préférés. Rendez-vous clopes et café. Rendez-vous Tac-O-Tac et Astro. On passe notre temps à gratter. « Alors, toujours pas de petit mec à se mettre sous la dent, mon Camillou ? »

On se parle de la fac et des héros. Elle me donne des nouvelles de Marie-France, de Gilles, de Rose et de Timothée. Elle a hâte d'aller à Sanary pour, comme chaque été, y prendre ses quartiers. Elle me parle et rit, elle est à nouveau joyeuse, presque légère, même si le suicide de ses parents l'a changée à jamais. Ce filtre dans les yeux, je le connais, et désormais je l'admets.

« Mon Camillou, tu es mon essentielle. »

Son bonheur retrouvé diffuse en moi une culpabilité indélogeable, une plaie purulente, inguérissable. Une peine inconsolable. Le regard de ma mère, sa joie me broient. Je me sens sale. Pour la vie, je me sens sale. Ses envies de complicité me torturent. Ma honte leur fait barrage. L'hydre m'interdit à jamais toute indulgence et toute spontanéité.

Ma culpabilité est celle du secret, du mensonge. Je ne peux pas te parler. Toute ma vie je te mentirai. Les têtes de l'hydre dansent. Je suis coupable de te mentir tout le temps. Ce sentiment me tord le cerveau, m'empêche de plus rien espérer. Toi qui m'as appris la vérité et le courage de la critique, je vais te décevoir. Penser, c'est dire non ? Vise un peu l'acceptation.

*

Puis l'hydre montre un nouveau visage. Dans nos silences, nos regards échangés, le serpent mord. Je suis coupable d'avoir participé.

La brûlure au fond de mon ventre, cette torture subreptice et constante, me laboure le crâne. Une culpabilité qui, plusieurs fois dans la journée, jaillit et bouscule ma sidération : en ne désignant pas ce qui arrivait, j'ai participé à l'inceste. Pire, j'y ai adhéré. « Mal nommer les choses, c'est ajouter au malheur du monde. » Je sais, maman.

Ma culpabilité est celle du consentement. Je suis coupable de ne pas avoir empêché mon beau-père, de ne pas avoir compris que l'inceste est interdit.

*

L'hydre se déploie. S'ajoute la violence de la honte. Je regarde ma mère et j'ai honte de ce qui est arrivé. Avec Victor, j'ai accepté. Il n'est pas le seul à s'être laissé faire. Il n'est pas le seul à avoir trompé ma mère. Car, à 14 ans, j'ai préféré me taire. Car, à 14 ans et pour longtemps, j'ai préféré garder l'amour de mon beau-père plutôt que de m'en éloigner.

La culpabilité que porte mon frère, je la porte aussi. Je savais, et je n'ai pas voulu l'empêcher. Je le sais, maman. Le regard de mon beau-père, sa tendresse, le père que j'en ai fait font de moi sa complice. Je l'ai accepté, peut-être même souhaité. Je suis coincée.

Et de cette pensée naît aussitôt le remords de voler à mon frère la violence qu'il a, seul, subie.

Le monstre est pervers. Il diffuse des contre-vérités : « Ce n'est pas ton combat. Simple dépositaire d'un secret d'enfant, tu n'as pas le droit de te plaindre. À toi, il n'est rien arrivé. Tu n'as aucune légitimité. »

Impossible de vaincre l'hydre tant qu'on ne se sait pas victime.

Dans mes oreilles, ma mère chante Julien Clerc : « Promets-moi de faire silence avec mes souvenirs d'enfance… »

III

J'avais 25 ans et cela faisait un bon bout de temps que je l'aimais.

J'avais 25 ans quand Thiago m'a enfin embrassée.

J'avais 25 ans et je souhaitais tout oublier.

J'avais 25 ans et, sentimentale ou romantique, Thiago m'a permis de choisir la vie.

À une table de Pampelune, Marie-France me fait signe de la rejoindre aux toilettes. « Ma fille, t'es folle ou quoi ? ! Raide dingue du type, tu es. Je te vois. Dégaine-moi ton rouge à lèvres ! » Comme je m'exécute, elle s'étrangle : « Mais pas dans les chiottes, idiote ! C'est devant les hommes qu'on ajoute le rouge. Un geste qu'on leur adresse ! » Marie-France, l'actrice, Thiago, le scénariste. Marie-France, à mes côtés.

Quand Thiago m'a embrassée, il produisait des films américains sur le sol français. Mon père le traitait de saltimbanque. Ma mère fondait à le regarder mais me mettait en garde contre les faux-semblants et le snobisme qui l'entouraient. Et puis, elle s'inquiétait : « Tu vas te faire bouffer par sa famille, ma fille ! »

Le père de Thiago l'avait voulu dans l'industrie ou la politique, mon père me voulait avocate. Avec Thiago, je rêvais de musique et de mots. Jonathan Richman, David Bowie et Bob Dylan. Enfin, dans ma vie. Mon père pouvait en conclure que je manquais d'ambition, je connaissais son paradigme.

Séances de vieux films américains. « Tes parents ne t'ont donc rien montré ? Attends, on va se rattraper. – Et moi, Thiago, je vais t'amuser, je te raconterai la mère que j'aime, celle qui, depuis longtemps, est libérée, celle aussi qui, pour ouvrir ses bouteilles, les fracasse contre la pierre ou me demande de le faire. »

Thiago était drôle, cultivé, doué, musicien, sexy, danseur, merveilleux. Thiago était un rêve, le rêve qui m'éloignerait de la réalité.

Ensemble, on rigolait. Le statut social, le pouvoir, parfait ! Chacun fait bien ce qu'il lui plaît. Mais, pour nous, merci beaucoup, on se tiendrait éloignés des attentes de nos parents. On se construirait un idéal loin de leurs projets.

Comme Marie-France, seule l'élégance me séduisait. Celle de l'humour et de la générosité. Celle des lettres et de la musique cent fois réécoutée. Celle des images et récits qui y sont attachés. Celle du monde des idées qui permet de se détacher.

Celle de Thiago, de sa distance et de son inventivité.

Mais dans le silence et le secret.

Les années 2000, je les ai passées à composer.
Les années 2000, je les ai passées à mentir.

Aux côtés de Thiago, j'ai fait comme je pouvais.
Me taire. Écouter, comprendre, interroger. Je n'ai
rien dit de ma vie. Je n'ai rien dit de moi. Pour mon
frère, comme pour moi, j'ai tenté d'être gaie.

*

À 25 ans, ma thèse de droit avançait.

J'avais rencontré Pauline et Maya, doctorantes
du même directeur, *alter ego* libres et appliquées.
Nouvelles amies avec lesquelles je passais mes journées. Nous nous réunissions pour travailler et beaucoup rigoler. Nos séances de recherche et d'écriture
ont donné naissance à la LKR, acronyme de nos
noms emmêlés. Nous buvions des gin-tonics en
lisant Jurgen Habermas et Gustav Teubner. Parfois,
nous écrivions nos thèses sur du papier toilette,
enroulé autour de nous. Chacune son sujet, chacune
un pied de côté. L'argumentation économique en
droit, la procédure, l'opposabilité, je t'en foutrais !

Maya m'avertissait : « Bien sûr, tu l'as méritée, mais méfie-toi, le monde de la fac t'en veut déjà. Une allocation de recherche, et l'on jase à ton sujet. Ils disent : "La fille du ministre récompensée, c'est sûrement usurpé. Tu l'as vue avec son port altier !" »

Le droit du travail, qui postule une volonté suspecte, inégale. Pot de fer contre pot de terre. Le droit du travail, branche du droit qui se méfie du consentement de l'une des parties et tente de protéger le faible contre le fort, de rééquilibrer les volontés. Pour moi, c'était tout trouvé. J'étais passionnée. Le temps s'accélérait.

Mais je restais emprisonnée.

Mon histoire d'amour me secouait. L'intimité imposait des questions. De plus en plus souvent. J'avais un amoureux, je pourrais peut-être avoir un confident...

*

Régulièrement, Victor me convoquait. Il voulait que je sache : son psy, ses cauchemars. Il me racontait ses rares discussions avec notre beau-père qui refusait de s'excuser, qui lui disait aller si mal qu'il pourrait se tuer. Il me rapportait ses supplices pour lui imposer de tout cacher à ma mère et au reste de la *familia grande*.

Régulièrement, mon frère me le rappelait : « Si tu me lâches, je n'y arriverai pas. Si ça se sait, Bernard nous en voudra. Si ça se sait, je ne pourrai plus aller nulle part sans être dévisagé. Si ça se sait, tout le monde saura. Viens, j'ai besoin de te parler, mais toi, tais-toi, s'il te plaît. »

Mon frère qui avait besoin de moi mais pour lequel je ne savais pas quoi faire.

Le soir, ivre, ma mère m'appelait. Sa mère morte… Elle m'insultait. Et puis elle oubliait.

*

Victor avait 25 ans et menait très brillamment sa carrière. Son travail était son échappatoire. Il bossait d'arrache-pied, matin et soir. Je m'en réjouissais.

Mais je le voyais : mon frère n'y était pas. Sur le long chemin de la reconstruction, les victimes se croient longtemps coupables. Processus classique que je pressentais, comprenais. Sans doute que moi aussi je le vivais. Je lui laissais le temps. Le temps de comprendre qu'il n'y était pour rien. Plus tard, un psy-charlatan me convaincrait de continuer à me taire : « On a déjà violé la parole de votre frère une fois. Vous ne pouvez pas, en parlant à sa place, le faire une deuxième fois. Il vous dit non. Il faut respecter ce non. Ce n'est pas votre histoire. »

Je restais muette, terrée. Si le silence perdurait, c'était par nécessité.

Victor a eu un fils. Premier neveu pour moi, premier petit-fils pour Évelyne. Victor me disait :

« Allez, on va à Sanary. Pour Évelyne. Elle ne va pas comprendre sinon. On s'installe à la Ferme, ce n'est rien. Les parents seront à la Maison Rouge, pas nous. On ne dîne pas ensemble, on ne déjeune pas ensemble. On se croise et puis voilà. S'il te plaît. Pour Évelyne. » Je descendais avec lui vers les cigales. Sans trop m'inquiéter, heureuse de montrer cet endroit à Thiago.

Années 2000. Victor et moi n'avons pas pris le même chemin.

Victor a allégé son fardeau en traçant sa voie. Pendant longtemps, j'ai cru qu'il fuyait, mais en réalité tout était très bien pensé. Pas comme je l'aurais voulu, mais à sa manière, avec beaucoup de courage et de ténacité. Victor a investi sa vie professionnelle et m'a dit : « Je hais ce con et je ne veux plus entendre parler de rien. » Il a eu trois enfants et m'a dit : « Ma vie est là. Le reste ne m'intéresse pas puisque nous n'y pouvons rien. »

Moi, avec Thiago, je me suis détachée de la *familia grande*. Mais, contrairement à mon frère, sans eux, j'ai eu du mal à croire en moi. J'ai aussi eu du mal à affronter tous ces dîners, ces anniversaires, ces fausses complicités qui devaient encore nourrir notre quotidien pendant des années. Faire semblant m'a fait du mal.

Années 2000. Ma mémoire est trouée. Quand c'est trop dur, ma mémoire se troue. Comme celle de mon frère. Souvent.

Mais, quand on me les rappelle, parfois je me souviens de certains moments. Je me souviens, par exemple, de ce dîner de nos 30 ans où mon beau-père jouait au fan de mon père et où Bernard, sans savoir, le lui rendait bien.

Me taire, j'ai toujours su le faire, mais continuer à tous les rassurer, c'est devenu difficile à accepter. Surtout qu'avec Thiago, grâce à lui, j'avais mieux à faire, mieux à inventer.

*

Thiago avait un fils, mon beau-fils, mon souffle retrouvé. Ma vraie famille recomposée. Thiago avait un fils qui, depuis tout petit, cherchait à comprendre, cherchait à creuser. Thiago avait un fils, duquel parfois je me tenais éloignée, effrayée. Orso, mon beau-fils, pour lequel j'ai senti qu'à mes côtés il courait un danger. Mon beau-fils Orso, dont la présence m'a réveillée.

Orso était très jeune mais, après le premier ou le deuxième été à Sanary, j'ai commencé à m'inquiéter. Une certitude en moi s'est imposée. Il fallait parler.

J'ai appelé Victor, j'étais terrifiée. « Mon frère, je ne peux plus me taire. Orso aura un jour le même âge que toi à l'époque. Ne me demande pas de maintenir une relation avec les parents plutôt que de protéger cet enfant. » Au bout du fil, j'ai senti mon frère se fendre, se déchirer. J'ai senti Victor se mettre en colère. Lui aussi savait le choix qui s'imposait. J'ai senti mon frère affronter une peur infinie. J'ai entendu sa voix me conjurer à la fois de me taire et de parler. J'ai compris que, si pour la première fois c'était moi qui mettais des mots sur nos silences, son calvaire prendrait une nouvelle réalité. « Loin de moi, cette vérité, ma sœur, s'il te plaît. »

Après plus de dix ans, j'ai choisi de dire. Pas à tout le monde, évidemment. J'ai dit à l'homme que j'aimais. Sans doute avec les mauvais mots. Mon esprit n'était pas prêt, je ne savais rien formuler.

Le Bistrot du Peintre. Bastille, presque. Une salade chacun. Je ne respire plus. Je me lance. Des années que je me tais. Je vais lever le voile. J'en ai rêvé si souvent. Mon corps se crispe. Transpiration. Mes aisselles sont trempées. Ma voix s'enraye. Je suis inaudible, je le sais. Je force, je force : « Thiago, pour Sanary, il faut que je te dise… » Donner les détails ? Tout raconter ? Parler de Victor, certes. Mais parler de moi ? Ça, qui comprendra ?

Thiago connaît mon beau-père. Il n'est pas surpris. Je parle à Thiago, mais je ne sais pas ce que j'attends de lui. Je parle à Thiago pour qu'il protège son fils, tout en espérant, au fond de moi, qu'il ne m'empêche pas de voir ma mère.

Face à cette injonction plus que contradictoire, mon amoureux fait comme il peut. Face à cette double injonction, mon amoureux fait au mieux. Thiago m'épargne ses questions.

*

Nous sommes retournés à Sanary et ma dualité s'est creusée. Pétrifiée de terreur, je me suis mise à veiller. Je souriais mais, en permanence, je me méfiais. Je riais tout en craignant le pire. Je mentais avec témoin surtout. Pour la première fois, j'ai tenu ce rôle dans le réel, j'ai affiché ma permanente hypocrisie, j'ai imposé mes compromissions, sous le regard de Thiago, dans les yeux de mon amoureux. Et je me suis détestée pour ça.

Durant toutes ces années, j'ai fait bonne figure, j'ai rigolé, mais cela m'a coûté. Des mois d'embolies pulmonaires. Une maladie auto-immune ? Le corps auto-intoxiqué.

*

Cette fois-ci, c'était à Chicago que Victor était parti. Avec Alice, sa femme, notre amie d'enfance, pour une année. Le soir, il m'appelait : « Ma sœur, Évelyne me dit que tu meurs, je devrais rentrer. Mais pendant que tes poumons se bouchent, les miens s'infectent. J'ai une pneumonie. Les médecins refusent, je ne peux pas voyager. Attends-moi, promets-moi. – Mon frère, n'aie pas peur. Ne t'inquiète pas. »

Bernard est là. Colin aussi, à qui je ne peux pas parler.

Ma mère est éplorée. Je l'entends parler d'elle au téléphone. À l'hôpital, elle m'apporte tant de gâteaux que je ne sais pas où les stocker. Je suspends mon souffle chaque fois que la porte s'ouvre. J'ai tellement peur qu'elle ne vienne accompagnée de mon beau-père.

Heureusement, Thiago s'amuse : « Tes embolies sont des embellies. Camille et ses embellies pulmonaires… »

*

Trente-huit kilos et les artères bouchées. Qu'a-t-elle donc, cette jeune femme ?

Elle ne peut pas respirer.

Dominique, ma sauveuse, Dominique, ma pneumologue, cheffe de l'unité : « Là, vous êtes très fatiguée, Camille. Je ne sais pas ce que vous avez mais c'est difficile, je le vois. Maintenant, il faut vous écouter. »

Dominique, si vous saviez…

Dominique, je n'ai rien aux poumons. Tout au plus une morsure de serpent. Depuis mes 14 ans, le reptile ne cesse de me torturer. Ce monstre qui vit en moi et qui rejaillit dès que je crois respirer. Cette hydre qui distribue ses attaques au fil du temps, sans jamais que le poison premier ne se dissolve dans le dernier. Son venin s'accumule ; les morsures ne se succèdent pas, elles se superposent. Et, malgré le bonheur d'être avec Thiago, je ne sais pas la chasser.

Dominique, si vous saviez…

Depuis que Thiago est là, l'hydre danse de plus belle. Je suis désormais si heureuse et je m'en veux déjà. La culpabilité de ce bonheur le dispute à celle de n'avoir rien su empêcher.

Dominique, si vous saviez…
Mes poumons vont guérir mais, à la faveur de cet amour inespéré, le passé envahit le présent. Bientôt, il oblitérera notre avenir. La crainte de laisser la fragilité grandir en moi, la colère d'être en permanence absente à moi-même, la culpabilité d'exister parfois empoisonneront ma vie et celle de mon amoureux.

Dominique, si vous saviez…
Les visages de l'hydre se sont multipliés depuis mes 14 années. Sédimentations, accumulations. Un mouvement lent sans aucune érosion.

*

Des mois de maladie, d'allers-retours à l'hôpital, de suffocation.
Je termine ma thèse de droit et la dédie à Thiago. À lui et à l'avenir. Dans mon ventre déjà.

Soutenance de la fille du ministre. « Est-ce qu'il viendra ? Vous savez s'il sera là ? » La « personnalité préférée des Français » contre mes sept années de labeur sur la notion d'opposabilité, je ne suis pas de taille à affronter ça. Trop fatiguée. Je ne préviens pas mon père. J'ai trop peur de l'embarras.
Victor, évidemment, est là et je prie pour que mon beau-père ne vienne pas. Au fond de moi, pourtant… évidemment.

Mon directeur de thèse m'annonce que, docteure, je suis unanimement félicitée. Dommage que mon père n'ait pas vu ça.

Au pot qui suit, j'affronte ma mère et son aura. Le jury est médusé par le professeur Pisier. Je ne l'avais pas vue venir, celle-là. Heureusement, Thiago reste détaché : « Viens, mieux vaut en rire, partons sans que personne nous voie. Les hommes parfois vivent comme ça. » Dommage pour elle, dommage pour moi.

Peu de temps après, Thiago et moi avons eu une fille, pleine de cheveux et toute colorée. Lily, ma beauté. Une flèche, comme dit son père.

« Tu accouches, me dit Maya. Je le vois. Ma main sur ton ventre, je crois que c'est ça. » Moi, amusée : « C'est un peu tôt, sans déconner. » Thiago, expérimenté, m'invite à me reposer devant un DVD : « *À nos amours*. Viens, on a le temps de le regarder. »

Fin du film et contractions très rapprochées. En riant, Thiago m'emmène à la maternité.

Reste à accoucher d'un bébé dont on ne connaît pas le sexe, d'un bébé qui ne s'est pas retourné. Une césarienne est organisée. Derrière le drap qui nous sépare de l'obstétricien, j'entends les mots de Thiago. Un moment d'intimité pour l'éternité. Pour quelques minutes, je suis dans la réalité.

La mère de Thiago vient à la maternité et chante : « Elle aimait tant la liberté, Lily, elle rêvait de fraternité, Lily… » Lily, mon lys dans la vallée.

*

Évelyne et Marie-France débarquent dans ma chambre, surexcitées, cherchant désespérément à ouvrir la fenêtre pour fumer une cigarette. Marie-France est très amusée : « Hygiénisme à la con ! Tu vas quand même pas me demander de me laver les mains chaque fois que j'approche ta fille ?! Quelle beauté ! Ce sera un petit tanagra, comme toi ! Une Lili Brik, évidemment ! »

Ma mère enrage lorsque la sage-femme me tend mon enfant pour que je lui donne le sein. Et l'exprime par de simples questions, évidemment – ne jamais attaquer la liberté frontalement. « Tu allaites ? Pourquoi ? Ils t'ont forcée ? Tu n'as pas peur de perdre ta liberté ? C'est au nom de la nature ? La nature a bon dos lorsqu'il s'agit d'enfermer les femmes, tu le sais… » Moi je me marre : « Là-dessus, tu es d'accord avec Thiago. Mais lui, c'est parce que ça le dégoûte. Chacun vos affichages, chacun vos prétextes pour masquer votre refus de me partager. J'ai adoré la grossesse et j'adore allaiter. Ne t'inquiète pas, il n'y a rien d'idéologique là-dedans, juste une déclaration d'amour à la liberté. Ma liberté, cette fois. » Ma mère m'engueule : « Ma fille, quelle liberté ? La liberté, c'est de pouvoir choisir de ne pas s'en occuper. Qu'elle est mignonne ! Pourvu qu'elle ne soit pas conne ! »

Victor vient, évidemment. Et fond. Voir le bébé de son jumeau, j'vous jure, c'est absolument dingo.

Pas le temps de mollir. À peine accouchée, je deviens maître de conférences. Il faut maintenant parcourir la France pour trouver un poste dans une faculté.

Mon bébé a trois semaines, je marche à peine. Il faut aller à Amiens, mais je ne peux pas quitter Lily. Thiago me soutient : « Qu'à cela ne tienne, nous irons tous les trois. Travaille ta présentation pendant qu'elle dort. Pas question que ta fille soit ta punition. »

Nous louons une voiture. Arrivée à la faculté. Comité de sélection. Candidats dans le couloir. On joue des coudes sans le dire, on est appuyé par qui on sait. Moi, je suis avec mon amoureux et mon bébé. Lily pleure. C'est bientôt à mon tour de passer. J'allaite ma fille dans le couloir. Au loin, je sais ma mère effondrée. Son féminisme malmené.

Mon nom est appelé : « Mademoiselle Kouchner… » Sourires à la con. Envie de tout casser. « Thiago, prends-la, c'est à moi ! »

Opération réussie. Premier poste à l'Université.

*

Plus tard, j'emmènerai Lily à la crèche et courrai prendre mon train pour Amiens. Départ tôt le matin et retour dans la journée. Impossible de rester trop longtemps éloignée. Des années épuisantes.

Ma mère ne m'aide pas. Elle n'ose pas s'occuper de Lily. Et puis, de toute façon, comment pourrais-je la lui confier ?

Parfois, elle vient la chercher à la crèche, mais toujours avec moi. Une grand-mère qui refuse de se retrouver seule avec sa petite-fille. « Chacun a sa manière, tu sais, je ne veux pas tout déranger. Et le père, il n'est pas là ? Les femmes se sont battues, souviens-toi. Tout ça pour ça ? », « Tu réagis dès qu'elle pleure ? Tu lui donnes le bain tous les soirs ? Il n'y a personne pour s'en occuper ? ».

Ma mère s'installe à la table du salon. « Du rouge ? Tu as bien un p'tit verre pour ta mère. Viouli voulait venir, mais avec la radio et tout, il est très occupé. Je lui ai promis que je lui rapporterais des photos. Il la trouve si mignonne, ton Inuite aux yeux bleus. »

Déboucher le vin, servir le verre, sécher ma fille, préparer son dîner, la calmer, penser à mes cours pour le lendemain, sous ce regard maternel émerveillé et affligé.

Parfois, je m'assois avec Évelyne, le temps de gratter les Tac-O-Tac qu'elle a apportés. Parfois, et à la faveur de ces moments-là, mère de Lily, je suis à nouveau la fille d'Évelyne. Je profite de ce bonheur. Je m'en souviendrai.

Lorsque ma mère vient voir ma fille, je redeviens son bébé. Je caresse sa peau, je me restaure à la douceur de son regard. Je revis sa profondeur. À nouveau je me sens protégée et fière. Dans un sourire, je rejoins mon Évelyne adorée. Celle d'avant et celle de toujours. Celle qu'une partie de moi est incapable de voir changer, d'abandonner. Ma maman. La meilleure du monde.

Au plus profond de moi, j'espère avoir, pour Lily, toutes ses qualités.

*

« Tu me l'amèneras à Sanary, mon Camillou ? Je prendrai une nounou avec moi et tu pourras nous la laisser. »

Mon cœur est déchiré.

Par mon enfant, je me souviens. Je me souviens que j'aime ma mère absolument. Pour mon enfant, je me tais et j'essaye d'oublier.

Mon père, à sa manière, essaye d'accepter d'être grand-père.

Éclats de rire de Thiago lorsque Bernard nous fait visiter sa nouvelle maison de vacances. Notre fille, 2 ans, court partout. Mon père, fier, l'attrape par le bras, la soulève du sol. « Regarde, tout ça c'est pour toi, ma Juliette. » Thiago, hilare : « Bernard, faut vérifier auprès de sa mère, mais je crois qu'elle s'appelle Lily. »

Mon père est un héros. Je n'ai pas le choix. D'autres l'ont décidé pour moi. Même ma mère, quand il est devenu ministre de Sarkozy, l'a absout. Petite, elle me faisait réciter : « Quand ton illusion n'aurait duré qu'un jour, / N'outrage pas ce jour lorsque tu parles d'elle. »

*

Je fouille mes souvenirs. Je puise dans mon regard de petite fille. Je tente de démêler colère et admiration. À en devenir schizophrène. Mon père m'exaspère mais je l'aime infiniment. Ma mère a raison.

Ma colère d'enfant passe, je respire et je fais un peu de place à l'admiration que j'ai pour Bernard. Je transforme ses hurlements, j'en fais mes alliés et, au-delà de sa violence, j'accepte que, malgré tout, il m'aime plus que tout. À la faveur de cette accalmie, je me nourris de la rage sans quartier de son regard qui m'adore et je me réfugie dans cette contradiction pour nous maintenir, nous prémunir, nous ré-unir.

Dans mon esprit comme dans mon cœur, mon père est inégalable. D'ailleurs, je le sais, ses colères sont l'un de ses courages. À défaut de me l'expliquer, il me l'a souvent montré.

Car, enfin, je crois en l'honnêteté de ses combats passés. Rechercher l'efficacité quoi qu'il en coûte, imposer d'être au bon moment au bon endroit, y compris sous les projecteurs, est une nécessité. Trop facile de rester les bras croisés à juger.

Préférer rester dans le silence, c'est fuir, manquer de courage. Sans réseau, sans caméra, sans discours, on ne sauve personne ! Crier plus fort que les autres, ça n'est pas qu'égocentrique, c'est aussi extrêmement valeureux, très courageux.

J'aimerais tellement savoir le faire.

*

À regarder Thiago, je le comprends. Le courage est le revers, le bras armé de l'émerveillement.

Mon père a cette force. Là où, nombreux, cyniques ou désillusionnés ont reculé, mon père a cette puissance de s'en remettre à la beauté des choses, d'y croire et d'enrager de la voir malmenée. Il a cette foi-là.

Sa colère vient du désordre qu'il constate, elle vient de la dégradation, de la souffrance, du printemps qui n'arrive pas. Mon père alors désespère et se fâche. L'imbécillité, l'injustice, la maladie, l'enfance blessée lui retournent l'estomac. Il n'y a pas de calcul là-dedans, juste une insurrection.

Mon père m'a transmis son regard sur le monde. J'aurais préféré que ce soit au travers de sa tendresse plutôt que de sa colère, mais qu'importe.

Je m'arrime à sa douceur dès qu'elle se déploie. Au compte-gouttes, sans qu'on l'entende arriver. Parfois, au milieu d'un dîner, il caresse mon bras et chante. « Est-ce ainsi que les hommes vivent », « Le myosotis et puis la rose, ce sont des fleurs qui disent quèque chose… ». Depuis que je suis petite, mon père m'apprend ses chansons. Il sait tous les poèmes et récite les plus beaux vers. Il dit « ma fille » et pleure sur « À Villequier » avec Hugo et Léopoldine. Il dit « ma fille » et cherche en moi le souvenir de toutes ses amours passées. Ma mère et les autres, malgré moi.

Et parfois, sans crier gare, mon père rit. Il connaît mille fables, mille histoires. Cent fois la même, racontée. Et je ris de le voir pleurer. Avant, pendant et après la fable. Il n'a aucune mémoire. Il veut me raconter la dernière aventure de son copain

Robert, lutte pour la retrouver, n'y arrive pas mais rit déjà du souvenir qu'elle lui a laissé. La dérision des choses, les contresens et quiproquos, la vanité de sa mémoire. Il lâche, respire, fume parfois, et devient si gentil.

Par mon silence, c'est aussi lui que je protège.

Quelques mois après la naissance de Lily, Alice a accouché d'un deuxième garçon. Comme parfois, Victor était « absent ». Des images, des silences, des pensées. Il m'appelait, je le rassurais comme je pouvais. Mais je le voyais s'enfoncer. Et je voyais Alice vainement se fâcher.

Nous étions au collège quand ils se sont rencontrés. À peine 12 ans et déjà Victor m'en parlait. Belle comme une Espagnole, fine et ouverte, généreuse et ancrée, Alice avait interdiction de ses parents de venir à Sanary.

Plus tard, après le lycée, elle a emporté le cœur de mon frère et est devenue ma sœur. L'amie de bien, l'amie du souffle de vie. L'amie-refuge quand elle-même n'est pas terrassée. L'amie qui sait ménager l'alliance, préserver la pudeur, nous tenir à bonne distance. Femme du jumeau, c'est un métier !

On s'est vus grandir, je les ai vus s'aimer. J'ai été emportée par ses rêves à elle, qui ont embelli la vie de mon frère. J'ai confiance en elle.

Là, Alice était épuisée. Elle accueillait un deuxième enfant et avait un mari fuyant. Elle me disait qu'elle allait le quitter. Elle me disait qu'elle ne pouvait plus résister. J'ai dit à Victor qu'il lui devait la vérité.

Il était contre, mais mon frère s'est livré. Il a raconté à sa femme ce qui lui était arrivé et ce avec quoi nous avions à vivre depuis.

Et Alice, qui n'avait rien vu, qui n'avait rien remarqué, s'est fâchée contre moi. Le choc, sans doute. Cet homme qu'elle avait connu au collège, cet homme dont elle partageait la vie depuis des années, lui avait tout caché. Mais l'incrimination était pour moi. Alice me jugeait responsable. Mon silence était coupable. C'était à moi qu'elle en voulait. Pas longtemps. Mais bon...

Victor aussi me le reprochait : « Je te l'avais dit, personne ne comprend. Maintenant, Alice veut que je parle à Évelyne. Vous serez deux à me faire chier... C'est quand même pas compliqué : je ne veux pas en parler. C'est le moyen que j'ai trouvé pour construire ma vie. Mon énergie, je la mets dans autre chose. Pourquoi voulez-vous absolument remuer le passé ? J'ai besoin de me tirer, de m'intéresser à mon travail, à mes enfants. J'ai besoin d'avancer, pas de stagner dans la morosité. »

Je m'en suis beaucoup voulu. Il avait raison. C'était sa vie. Pas la mienne. De quoi je me mêlais ?

*

Alice avait foi en Évelyne. Alice pensait, elle aussi, que nos parents nous protégeraient. Je crois qu'Alice a cette chance d'avoir été élevée dans une famille dans laquelle on peut faire confiance à sa maman.

Elle a accepté de retourner à Sanary et s'est mise d'accord avec Victor : il travaillerait toute la journée et rentrerait le soir, tard. Il pourrait ainsi tracer sa route, construire son chemin. Il pourrait s'éloigner pendant qu'Évelyne verrait ses petits-enfants.

Alice a décidé de retourner à Sanary, espérant que Victor se sentirait entouré, porté, protégé. Elle a amené ses garçons à ma mère, elle a fait ça pour lui, pour eux, pour elle aussi. Elle pensait que c'était évident : Évelyne quitterait mon beau-père dès qu'elle saurait. Alice comptait bien nous aider à lui parler.

Nous nous sommes installés à la Ferme quand ma mère et mon beau-père étaient à la Maison Rouge. Thiago avait interdit à son fils d'y aller, prétextant alcool et autres folies de vieux cons. Orso n'avait que 10 ans et je pensais que mon beau-père n'aimait que les ados. Mais je voyais son regard sur lui et je le détestais. Lui aussi, sans doute, le pressentait. Il passait son temps à le fuir, ne rigolait à aucune de ses provocations, et se collait à son père dès que l'autre approchait.

Nous n'avons vu ma mère qu'à la piscine, dans la journée, dans le bonheur des enfants. Lily et ses cousins jouaient dans le petit bassin et arrosaient le jardin avec leur « Mamilyne ». Évelyne adorait ses petits-enfants. Elle les trouvait les plus beaux du monde, les plus charmants. Elle fondait, à chaque regard échangé.

Cet été-là, Évelyne ressemblait à ma mère. Elle était douce, posée, calme. Elle était si heureuse.

Le reste du temps, nous le passions à fuir mon beau-père.

Mon cœur explosait d'angoisse dès qu'il se montrait.

Alice me demandait de la précéder à la piscine pour vérifier qu'elle ne le croiserait pas. Elle apprenait en accéléré la dualité, l'horrible hypocrisie que l'on s'imposait. Je pense que mon beau-père a vite compris qu'elle savait. Alice ne transige pas avec sa haine et ses colères. Elle ne transige pas avec l'amour de mon frère. Ses yeux sombres exprimaient assez clairement ce qu'elle ressentait. Par ses regards, je le voyais, elle protégeait ses fils, réglait ses comptes et indiquait silencieusement à mon beau-père que ses heures de tranquillité étaient comptées.

J'étais pétrifiée. Dès qu'il était à proximité, je me figeais. Je souriais et rigolais comme par réflexe. Mais je serrais si fort Lily dans mes bras. Pas question qu'il l'approche, qu'il la touche. Pas question qu'il la salisse, ni même qu'il se permette de lui sourire.

Alice et moi étions mères. Alice était ma complice. Tout allait changer.

C'était il y a quinze ans, c'était notre dernier été tous ensemble à Sanary, mais nous ne le savions pas encore.

*

L'année suivante, Colin a décidé d'envoyer son fils quelques jours auprès de ma mère. Colin a voulu envoyer son fils, 2 ans et demi, seul à Sanary.

Dans ce contexte, plus aucune nuance ne tenait. Victor a immédiatement vu l'urgence.

Il est allé trouver notre frère. Il lui a dit : « N'envoie pas ton fils là-bas. Je vais te raconter. » Colin était en colère.

Puis Colin s'est souvenu. Il n'était pas si surpris. Le beau-père qui venait parfois le voir dans sa chambre, rue Joseph-Bara. Le beau-père qui venait lui mesurer le sexe avec un double décimètre dès que ma mère regardait ailleurs… Les souvenirs de Colin sont revenus.

Son fils n'est pas allé à Sanary et Colin s'est fâché. Contre moi, sa sœur. Comme Alice, ma belle-sœur. Au début. « Pourquoi n'as-tu rien dit ? Ma sœur, tu m'as trahi ! »

*

Le silence s'était si doucement installé entre Colin et moi. Il ne s'était aperçu de rien. J'avais tout bien fait. Au moment où l'enfer avait commencé, il était parti vivre dans son studio. Nous n'avons plus écouté de chansons le soir. Nous n'avons plus eu l'occasion de nous parler. Bien sûr, il était toujours joyeux lorsqu'il revenait dîner, et j'étais si heureuse de le voir arriver, mais je n'ai jamais pu lui parler. J'étais terrorisée. En moi, déjà, le serpent dansait.

Quand, plus tard, Colin est parti pour le Texas, je lui ai écrit mille fois que je l'aimais. À cela, en général, il n'y a rien à ajouter.

Maintenant, Colin m'en voulait et menaçait de tout révéler à notre mère. Victor me le reprochait.

Pour Colin, apprendre un tel secret à 40 ans, c'était voir toute sa vie comme un mensonge. Comme si, dans son passé, il n'existait aucune vérité. C'était perdre d'un coup cette mère qu'il adorait. C'était perdre l'histoire qu'il s'était racontée, ses racines et ses choix. Tout était faux.

Il était malheureux, et exaspéré aussi. Il nous expliquait que, à trois désormais, les règles changeaient, qu'il était impensable que lui, adulte, fasse semblant de ne rien savoir. Il affirmait qu'il ne reverrait plus jamais notre beau-père et voulait absolument que l'on prévienne notre père.

Inquiète et soulagée, j'ai tenté d'expliquer à Colin que Victor n'était pas prêt et qu'il fallait faire très attention à lui. De moi, je n'ai rien dit. Je n'ai rien dit de l'hydre qui me terrifiait.

Petit à petit, Colin a compris. Il ne dirait rien, il se tairait si c'était ce que Victor voulait, mais il tenterait toujours de le faire parler. De moi, il choisirait de se méfier.

*

Comment faire pour que ma mère ne se doute de rien ? Comment faire pour que ma mère reste grand-mère ?

Je suis retournée à Sanary, en 2007 je crois, avec Thiago et sans mes frères. Peut-être était-ce en 2008.

Je perds la mémoire. Certaines années sont effacées. Impossible de les retrouver. Je crois que, une fois prévenu, Colin nous a rejoints en juillet, ailleurs. Nous nous sommes parlé, nous avons tenté de nous expliquer.

Cet été-là, Colin n'est pas allé à Sanary, il ne savait pas comment faire pour regarder notre mère.

Victor n'y est pas allé non plus. Je ne sais plus pourquoi. Sans doute parce que Alice doucement comprenait qu'il ne parlerait pas à notre mère et que cela la mettait très en colère.

Ma mère ne comprenait pas que ses fils refusent de venir à Sanary.

J'y suis donc allée seule cet été-là. Victor m'avait dit : « Descends à Sanary. Explique à Évelyne que ce n'est pas que je ne l'aime pas. Ne lui dis rien, surtout. Va à Sanary, et rassure-la… J'irais si je pouvais… » J'étais d'accord pour ça mais je n'ai jamais su consoler notre mère.

À la rentrée, entre deux cours, les fesses glacées, j'avais pissé sur un bâtonnet. J'étais enceinte, pour la deuxième fois. Thiago, je suis enceinte, et je n'aime que toi. Je veux vivre dans ton détachement, et avec ton talent. Je veux la joie avant la volonté, nos enfants et un horizon.

Comme pour Lily, neuf mois de bonheur et neuf mois de douleurs. Gynécologie et pneumologie. Piqûres tous les jours, échographies suivies. Mes épisodes d'embolies pulmonaires laissés derrière. Piqûre, crèche, Amiens, crèche, bain, dîner, piqûre. Une histoire pour dormir, se relever, chanter. Un verre de vin pour ma mère, puis deux, puis trois. Faudra bien préparer mes cours. Et les concours ?

*

Nous avons eu un fils. Un soleil.

Mon Nathan, prophète en notre pays. Blond, comme mon frère. Solide, comme son père.

Mon Nathan, aux yeux « si profonds que j'y perds la mémoire ».

157

Mon Nathan, aux yeux si bleus d'Évelyne, et de Victor.

Nous avons eu un fils que Thiago voulait appeler Georges, oubliant mon grand-père suicidé. Nous avons eu un fils et, enfin, j'ai réalisé. Dissociée puis rassemblée. Nous avons eu un fils et j'ai été envahie par un dégoût démesuré.

Dans mon ventre ce bébé, et déjà je savais. Je savais qu'il faudrait tout empêcher. Je savais que Sanary, c'était terminé, que plus jamais je n'irais. Plus jamais la maison de mon enfance, celle dans laquelle j'allais depuis trente ans. Plus jamais le refuge, la chaleur de l'été. Plus jamais les rires, les tarots et l'intelligence. Plus jamais l'odeur du thym dans ma main. Les pipis en pleine nature avec ma mère. Plus jamais le sourire d'Évelyne dans les mimosas, nos *Scrabble* à la piscine, sur le ventre, allongées. Plus jamais les pins et les oliviers.

J'ai imposé à Victor de prévenir ma mère. Je lui ai expliqué, et réexpliqué, pourquoi il serait impossible que mon fils soit en contact avec mon beau-père, qu'il ne pouvait plus me demander d'y aller. Et, pour la première fois, je lui ai dit : « Si tu ne parles pas, c'est moi qui le ferai. »

Colin et Alice m'ont aidée en cherchant eux aussi à convaincre Victor : « Dis-lui ce qu'il s'est passé. Dis-lui que l'inceste n'est pas une liberté. Dis-lui ta blessure depuis petit. »

Victor n'était peut-être pas prêt mais il l'a fait.

À nouveau ma mémoire se noie.

J'ai l'impression que c'est le jour de la naissance de Nathan, le jour de la délivrance, que mon frère a tout raconté à Évelyne. Il lui a enfin dit la vérité. Il lui a dit ce que son mari lui avait fait subir pendant des années. Il lui a dit qu'il s'était tu pour la protéger. Il lui a dit que depuis toujours je savais.

Respirer. Me lever. Épisio. Mal au dos. Me lever. Respirer. Accueillir mon bébé. Le nourrir. Le bercer. Lui donner le bain. Lui donner le sein. Me lever. Respirer. Ne pas oublier le sang qui coule, les larmes qui dévalent. C'est hormonal. Pas dormir. Jaunisse. Séances de rayons UV. On reste un peu plus longtemps. Faire venir Thiago et les enfants. Toute la famille de Thiago à la maternité. Sourire. Être si heureuse. Dire combien c'est bien.

Avec le cœur arraché. Le cœur au bord des lèvres. L'envie de gerber. L'hydre affine ses traits. Cette peur atroce. Cette peur immense qu'ils décident tous de se suicider. Mon frère, mon petit frère, mon jumeau. Pardon, pardon, je ne voulais pas te forcer.

Est-ce que ça va aller ? Est-ce que tu auras le courage de venir voir mon bébé ?

Victor m'a appelée : « Voilà, c'est fait, j'ai tout raconté. Bravo pour ton bébé. Évelyne n'a rien dit. Elle est partie. Marie-France l'a accueillie. »

*

Deux jours plus tard, ma mère à la maternité. Deux jours plus tard, ma mère, couverte de bleus. Son visage ravagé. Elle dit avoir chuté sur un quai de gare et puis se tait.

Je lui dis de prendre Nathan dans ses bras, elle ne me regarde pas. Elle s'assied au plus loin et refuse de me parler. « Tu verras bien qu'un beau matin fatigué… »

Montée de lait. Évelyne fantomatique. Spectre de mère. Nathan interdit. Silence pétrifiant au milieu des cris. Évelyne me glace et, cette fois-ci, Marie-France n'est pas là. Elle viendra me voir plus tard, sans sa sœur pour une fois.

*

Fin 2008. Fin du secret. Fin 2008, le monde s'est écroulé.

Très vite, les kilos se sont envolés, mon corps a rétréci, rétréci, disparu.

La sage-femme s'en étonne. Rééducation du périnée, position inconfortable, intimité malmenée. Sa main dans mon sexe. « Parlez-moi de votre bébé, votre maison, le bonheur de l'arrivée, il faut vous reposer, confier l'enfant au papa, vous savez bien, les temps ont changé, il doit s'en occuper. Il n'est pas là, ben oui, ils sont tous comme ça ! Il ne sait pas faire mais il apprendra. Demandez à votre mère, aux grands-parents. Il faut savoir le leur confier. Racontez-moi le choix du prénom, ce qu'ont été vos plus beaux instants, votre meilleur souvenir. »

Moi, jambes écartées, Nathan dans son cosy posé à côté de moi dans ce cabinet où la joie est d'habitude invitée, je ne dis rien. Intérieurement, je me consume. « Ma mère, bien sûr. Et les grands-parents, évidemment… » Tais-toi, retire tes doigts !

Marie-France aussi me voit rétrécir. « Là, c'est trop, Camille. Tu nous la joues mannequin débile ou quoi ? ! Il faut que tu arrêtes. » Elle vient voir Nathan, m'offre un pull en cachemire rouge, à zip et à capuche, pour allaiter. Un pull du marché de Sanary, le pull que Lily porte encore aujourd'hui. Elle me sourit. « Ta mère est lâche. Parle à ton père ! »

Marie-France, ma tante, pylône au milieu des tempêtes.

Silence de ma mère, silence de mon frère. Je suis désespérée. C'est donc ça, la parole retrouvée ?

Une année passe, et je suis seule chez moi. Fini Sanary. Fini qui j'étais. Racines, souvenirs, liens, finis.

Je m'occupe de mes enfants, je passe un concours pour revenir à Paris. Faire bonne figure, être la meilleure, celle qui sera choisie.

Une année passe, et ma mère vient à peine. Une année passe, et, puisqu'elle sait désormais, Alice refuse de voir Évelyne. Une année passe, et Victor ne respire pas. Une année passe, et rien ne se passe.

Parfois, mon frère reçoit un appel de ma mère. À Victor, elle dit que le beau-père ne nie pas. « Il regrette, tu sais. Il n'arrête pas de se torturer. Mais, il a réfléchi, c'est évident, tu devais avoir déjà plus de 15 ans. Et puis, il n'y a pas eu sodomie. Des fellations, c'est quand même très différent. »

À moi, elle dit des mots qui incriminent : « Comment avez-vous pu ainsi me tromper ? Toi la première, Camille, ma fille, qui aurait dû m'avertir. J'ai vu combien vous l'aimiez, mon mec. J'ai tout de suite su que vous essayeriez de me le voler. C'est moi, la victime. »

Pour le reste, elle essaye de me faire taire. Elle me propose d'écrire un manuel pour la collection qu'elle dirige, m'envoie de quoi arrondir les fins de mois, me dit son amour et sa solitude, loin de ses enfants et petits-enfants. Pour le reste, quasiment plus un mot.

Moi, pendant des années, j'essaye de lui plaire et de la retrouver.

Petit, mon frère m'avait prévenue : « Tu verras, ils me croiront mais ils s'en foutront complètement. » Merde. Il avait raison.

*

Bon, ben s'ils ne comprennent pas, on va leur expliquer.

Je vais t'expliquer, à toi qui professes sur les ondes, toi qui fais don de tes analyses aux étudiants et pavanes sur les plateaux télé.

Je vais t'expliquer que tu aurais pu, au moins, t'excuser. Prendre conscience et t'inquiéter.

Je vais te rappeler que, au lieu de ça, tu m'as menacée. Message sur mon répondeur : « Je vais me suicider. »

Je vais t'expliquer, à toi qui dis que nous sommes tes enfants. Quand un adolescent dit oui à celui qui l'élève, c'est de l'inceste. Il dit oui au moment de son désir naissant. Il dit oui parce qu'il a confiance en toi et en ton apprentissage à la con. Et la violence, ça consiste à décider d'en profiter, tu comprends ? Parce que, en réalité, à ce moment-là, le jeune garçon ne saura pas te dire non. Il aura trop envie de te faire plaisir et de tout découvrir, sûrement.

Je vais t'expliquer que, à force, ensuite, le jeune garçon va dire oui pour nier l'horreur de la situation. Ça va durer, et puis il va culpabiliser, se dire que c'est sa faute, qu'il l'a cherché. Ce sera ton triomphe, ta voie de sortie pour en réchapper.

Georges et Paula suicidés, Évelyne désespérée, Bernard absent, tu as eu du bol qu'on ait été si perdus et si affaiblis…

Mais quand l'hydre s'endort, je prends conscience et je n'oublie pas.
Je n'oublie pas le couple que vous formiez. Sartre et Beauvoir ? Il n'y a que la *familia grande* pour y croire.
À l'unisson, vous avez forcé nos leçons : Foucault et la peine. Ne jamais dénoncer, ne jamais condamner dans cette société où l'on n'attend que punition. Savoir évoluer, se faire souple et espérer la réhabilitation. Se méfier du droit.

Mes cours de droit, justement : le viol consiste en tout acte de pénétration sexuelle, de quelque nature qu'il soit, commis par violence, contrainte, menace ou surprise. Ça, pour une surprise !

Et la contrainte, alors ? Comme une putain de contrainte morale ! Comme le fait qu'on t'ait tellement aimé, tu vois ? Comme le fait qu'on ait eu tellement confiance en toi et qu'on aurait pu te défendre jusqu'à la mort s'il l'avait fallu ! Comme le fait qu'on n'a même pas pu t'envoyer en taule tellement on avait peur pour toi. Comme le fait que c'était toi. Pas un autre. Toi.

Toi qui as agressé mon frère pendant des mois, tu le vois, le problème ? Quasiment devant moi, en t'en foutant complètement, faisant de moi la complice de tes dérangements. Tu les vois, les angoisses qui nous hantent depuis ?

Soyons précis :

Article 222-24 du Code pénal
Le viol est puni de vingt ans de réclusion criminelle :
[…]
4° Lorsqu'il est commis par un ascendant ou par toute autre personne ayant sur la victime une autorité de droit ou de fait ;
[…]

Article 222-31-1 du Code pénal
Les viols et les agressions sexuelles sont qualifiés d'incestueux lorsqu'ils sont commis par :
1° Un ascendant ;
2° Un frère, une sœur, un oncle, une tante, un neveu ou une nièce ;
3° Le conjoint, le concubin d'une des personnes mentionnées aux 1° et 2° ou le partenaire lié par un pacte civil de solidarité avec l'une des personnes

mentionnées aux mêmes 1° et 2°, s'il a sur la victime une autorité de droit ou de fait.

Mais toi aussi t'es prof de droit. T'es avocat. Tu sais bien que, pour cause de prescription, tu t'en sortiras. Tout va bien pour toi.

Vingt ans. Sinon c'était vingt ans.

Les années passent dans le silence des Sanaryens. Seule Marie-France se débat.

*

Lorsque, à la naissance de Nathan, ma mère est allée retrouver sa sœur pour pleurer sur son sort, lorsqu'elle lui a dit : « Si Camille avait parlé plus tôt, j'aurais pu le quitter. Maintenant il est trop tard. Je n'ai plus cette liberté », Marie-France l'a suppliée. Et si c'était une histoire d'argent, elle lui en donnerait. « Tu n'es pas seule, pars ! Je suis là. »

Marie-France s'est lancée dans une entreprise acharnée. Elle a lutté contre l'horreur comme elle pouvait. Elle a prévenu ses amis. Sa sœur avec un pédophile qui s'en était pris à son fils. C'était insupportable, inacceptable.

Pendant des mois elle a cherché des appuis pour convaincre ma mère, pour lui ouvrir les yeux et la persuader de le quitter.

Très vite, le microcosme des gens de pouvoir, Saint-Germain-des-Prés, a été informé. Beaucoup savaient et la plupart ont fait comme si de rien n'était. Certains commentaient : « Tout de même, ce qu'il y a de dégueulasse dans cette histoire, c'est que c'est pédé, non ? » L'un des enfants de la *familia grande* m'a rapporté la réaction de ses parents : « L'inceste, il ne faut pas. Mais crier avec la meute, certainement pas ! » Quelle meute ?

*

Les Sanaryens, la *familia grande* ont disparu, très peu nous ont reparlé. Moi qui espérais tellement que Victor se trompait. Moi qui pensais qu'ils convaincraient nos parents de ne pas inverser les positions. Je n'avais pas anticipé que, pour se dédouaner, le beau-père inventerait une histoire d'amour, la reprocherait à mon frère, et que certains d'entre eux le croiraient. Certaines surtout, précieuses si ridicules. Si cruelles.

Marie-France, elle, s'est désespérée. Pour la première fois, les deux sœurs se sont fâchées. Vraiment fâchées, à ne plus se parler. Marie-France parfois revenait, mais ma mère ne lui opposait que silence et cruauté.

*

La maison du Pays basque. La maison familiale de Thiago. Mon refuge désormais. C'est humide, froid, pas assez ensoleillé pour moi, mais j'aime son odeur. J'aime son calme, la fraîcheur des draps.

J'aime à chaque instant retrouver ma belle-mère et y voir mes enfants.

Lumière du matin. Le café coule. Je vais bientôt l'apporter à Thiago : « Pour une fois, c'est moi. » Me retrouver dans ses bras. Douceurs entremêlées. La radio. France Inter. 24 avril 2011.

Mon téléphone à la main, j'attends que ma tasse se remplisse. Vibrations. Première clope. Mes yeux sur mon téléphone. Vibrations. *Le Monde* en bannière : « L'actrice Marie-France Pisier est morte. » Mon cœur s'arrête.

Vibrations. Colin m'appelle. « C'est quoi, ces conneries ? – Je ne sais pas. Sûrement une erreur. » Je ne respire pas.

Vibrations. Vibrations. Tout à coup, des tonnes d'appels. La *familia* si muette qui soudain se renseigne. Auprès de moi. Dans leur courage, ils n'osent pas encore appeler ma mère. Dans ma cécité, je vois apparaître leurs noms. Tout est sourd, mon cerveau paralysé.

Mais Thiago descend l'escalier en courant. Les yeux de Thiago dans les miens, son regard, et, tout à coup, je cède au réel.

Comme il le fait rarement, Thiago m'enveloppe de ses bras. Comme jamais après, comme jamais avant, Thiago avec moi, et je comprends. Je reconnais ce moment. Celui qui, comme un choc sourd, d'un coup pour l'éternité, modifie silencieusement la réalité. Ce moment est à nouveau arrivé.

Prévenir Timothée avant que les médias ne lui crient dessus. Attendre un peu pour réveiller Rose au Mexique. Timothée, Rose, mes cousins chéris, abandonnés dans cette famille de fous. Mes cousins qui, dès qu'ils ont su, ont vomi mon beau-père. Mes cousins, à jamais blessés.

Les têtes de l'hydre lentement se déploient pour venir enserrer mon cou. Lentement. Le silence est immense. Je m'éloigne du café, des bras de Thiago. J'appelle ma mère. Je compose son numéro et je tremble. Mon ventre, mes bras, mes jambes. Tout tremble. Ma mère, je le sais, ma mère ne s'en remettra jamais. La mort de sa sœur. Comme ça. Alors qu'elles sont fâchées. Je préférerais avoir à hurler pour l'éternité plutôt qu'avoir à affronter la peine qui va arriver. Je préférerais mourir qu'avoir à endosser cette nouvelle culpabilité.

Évelyne décroche. La voix de ma maman à jamais perdue : « C'est gentil de m'appeler, mon bébé. Cette nuit. Ils l'ont retrouvée… Comme les autres, elle aussi, s'est tuée. »

IV

De grands pénalistes. Ténors du barreau. Je les ai choisis exprès. Premiers dans la liste des meilleurs cabinets. Il fallait bien tenter de faire contrepoids. Il fallait bien tenter de contrebalancer la réputation de mon beau-père et celle de ma mère, ces grands professeurs de droit. Il fallait bien se préparer à contrer les potentielles réfutations de leurs amis, pour certains grands avocats, amenés à défendre leurs propres silences.

Quand Évelyne est morte, Colin, Victor et moi avons pris rendez-vous. Nous leur avons raconté ce qui était arrivé. Nous leur avons raconté le contexte aussi. Nous avons tenté de ne rien oublier. L'associée du cabinet a pris un peu de temps, a demandé à Victor de bien tout préciser. Elle nous a demandé d'essayer de dire qui savait et depuis quand. Elle nous a ensuite fixé un autre rendez-vous, quelques jours après, pour pouvoir travailler le dossier.

*

Le jour venu, mes frères et moi nous sommes retrouvés en bas du cabinet, au café. On s'est parlé de nos enfants et puis on est montés. Dans l'escalier, je me suis dit que c'était quand même bizarre, ce sentiment de peur que j'avais dès que je me rapprochais des gens de loi.

Les avocats nous attendaient.

Grande table en verre. Chacun s'assoit. On peut commencer.

Verbe franc, voix posée, la cheffe du cabinet prend la parole : « Avant de commencer, je veux lever toute équivoque. » Elle se tourne vers Victor et sa voix emplit tout l'espace : « Vous avez été victime d'un crime, monsieur. J'ai écouté ce que vous m'avez raconté, votre affaire est très claire. J'ai cherché d'autres dossiers où dans le même contexte, aux mêmes âges et avec les mêmes faits, le beau-père a été largement condamné. Vous avez été victime d'inceste, monsieur. Et qu'importe qu'il essaye de dire que vous n'avez pas tenté de résister. Qu'importe qu'il essaye de dire que vous étiez plus âgé. C'est toujours pareil, dans tous ces dossiers. À mon sens, votre beau-père est coupable et il devrait être en prison. »

Mon souffle s'arrête. Mon corps est complètement crispé. Même l'hydre, qui avait entamé sa danse, reste en l'air, totalement paralysée. Dans la pièce, à l'exception des mots du ténor, le silence est assourdissant.

Je ne peux plus bouger. Les yeux seulement. Mon regard se déplace. Les avocats, Colin, les avocats, Colin. J'ose à peine regarder Victor. Je voudrais pourtant le prendre dans mes bras.

Les mots, ces mots que Victor est en train d'entendre.

Les mots, ces mots que je n'ai eu de cesse d'aller chercher durant mes années de droit et qui n'ont pas suffi jusque-là.

Les mots, ces mots que j'attendais. Je ne suis plus la seule à les prononcer. Cette qualification juridique, si simple. Pas un jugement moral. Une infraction. Un crime puni par la loi.

Cette reconnaissance de la souffrance. Par un tiers, enfin.

À l'intérieur de moi, un torrent de larmes s'abat, ce torrent que l'hydre n'a cessé d'emplir depuis mes 14 ans. En moi, j'entends un flot déchaîné.

Je me tourne vers Colin. Je veux le voir recevoir les mêmes mots que moi. Je veux voir comment en un éclair, pour Colin aussi, les choses deviennent extrêmement claires.

Les mots, ces mots, trente ans plus tard, qui, je l'espère, forgent la détermination de Victor, finissent par le convaincre qu'il a le droit de se plaindre.

L'avocate ne regarde que mon jumeau. J'anticipe ce qui va suivre.

« Aujourd'hui, ces crimes peuvent être poursuivis pendant trente ans après la majorité. On a donc jusqu'aux 48 ans des victimes pour porter plainte. Vous pourriez donc le faire. Mais la loi n'est pas rétroactive. Elle ne s'applique qu'aux victimes qui ont été violées plus récemment. Comme beaucoup d'autres enfants, vous avez mis du temps à parler. C'est normal. Dénoncer l'un des siens, c'est encore plus compliqué, sans doute aviez-vous besoin de la mort de votre mère… Mais c'est trop tard. Ou, plus précisément, le crime a été commis trop tôt. La loi ne distingue pas les viols sur mineurs et l'inceste en matière de prescription. Contre lui, il n'y a plus rien à faire. Je suis désolée. »

Avant de mourir, Marie-France m'avait dit : « Il faut que tu parles à ton père, mon tanagra. Je veux qu'il sache. Si ta mère ne fait rien, ton père, lui, réagira. » Marie-France lui faisait confiance pour nous protéger. Elle m'avait dit : « Camille, parle à ton père ou je le ferai. »

Elle n'en a pas eu le temps.

*

Que lui est-il arrivé ?

Retrouvée morte, enserrée dans une chaise, au fond de sa piscine. Les cigales et les mimosas. Le thym et le romarin. Le chien qui n'a pas aboyé… Dans la vraie vie. En vrai. Dans cette réalité.

Je me souviens de ce soir d'avril 2011 où Victor et moi sommes allés dîner tous les deux. L'avant-veille de l'enterrement de Marie-France. Je venais de rentrer du Pays basque. Comme d'habitude dans les coups durs, nous nous sommes retrouvés. À la Sardine, place Sainte-Marthe. Dans mon quartier.

Cette fois-ci, le coup au plexus nous empêchait totalement de respirer. Impossibilité totale de pleurer. On se regardait et on se disait des mots, lâchés l'un après l'autre, au travers de silences. Nous étions sidérés, les yeux hagards, et effondrés. « Elle ne nous a quand même pas fait ça ? », « Ils ne nous ont quand même pas fait ça ! », « De notre faute, tu crois ? », « Un cauchemar », « Sans Marie-France, là, ça va commencer à être compliqué », « Et maman, que va-t-il lui arriver ? ».

*

Marie-France n'a pas eu le temps de prévenir mon père. Mais, enquête oblige, son ordinateur a été fouillé. Ses échanges de mails avec ma mère ont dû être trouvés. Victor a été convoqué à la brigade des mineurs. Une copine de Marie-France avait confirmé : « Oui oui, ce qu'on raconte est vrai. Le beau-père l'a même reconnu. Il s'en est pris à Victor quand il était ado. C'est pour ça que les sœurs étaient fâchées. »

Mon frère vient me rejoindre au palais. Je tremble de plaider. Il sort de chez les flics et a son PV dans les mains.

« Attends, je te lis. Tu crois que c'est bien ? Tu te souviens ? » Cauchemar. « J'ai dit aux flics d'être discrets. Ce qui peut lui arriver à lui, j'm'en fous, mais ils vont quand même pas foutre en l'air ce que j'ai construit au boulot, avec mes enfants, ma vie ! Ils vont quand même pas balancer ça dans les journaux ! Ils vont pas faire chier Luz et Pablo, j'espère. Et Évelyne ? »

Salle des pas perdus. On s'assoit sur l'un des bancs du palais.

Mon frère me fait lire ce dont il lui a fallu témoigner. Dans les détails. Tout. Sous mes yeux, les mots-lumière crue. Ces mots d'images qui, petite, m'ont traumatisée.

Je lis et ma mémoire aussitôt se dilue. Les questions qui intéressent l'enquête m'arrivent dans l'obscurité. « Qui ? » « Quand ? » « Où ? » « Combien de temps ? » « Vous a-t-il forcé ? »

Comme mon frère, je me souviens de tout, mais de rien. Quel âge avait-on exactement ? Combien de fois l'a-t-il fait ? « Qui ? » Ça, je sais. « Quand ? » À peu près. « Où ? » Un peu partout. « Combien de fois ? » Aucune idée. « Avez-vous résisté ? » Non, pas physiquement.

Je lis, et immédiatement je vois mon beau-père. Je lis et je suis terrorisée. Non pas de ce qui est arrivé, mais de ce qui pourrait se passer. Les détails sont clairs, il n'y a pas à discuter. Les flics l'ont d'ailleurs rappelé à Victor : « Bien sûr que vous n'avez pas résisté. C'est toujours comme ça. Il n'en reste pas moins que c'était lui l'adulte, votre beau-père qui plus est, et qu'il n'en avait pas le droit. Laissez-nous tout de même le lui rappeler. »

La prison ! J'ai le cœur qui bat à mille à l'heure. Sur le visage de Victor, la même terreur. À nouveau, cette impression. Le sentiment d'être à l'origine d'une énorme bêtise. À nouveau, nous anticipons la catastrophe qui pourrait en découler. À nouveau, nous sommes des enfants terrorisés. Non ! Trop peur ! Ça, ça fait trop peur ! Ça ferait trop de peine aux gens qu'on aime. On ne peut pas leur faire ça. Pas l'envoyer en prison. On nous l'a appris, on n'est pas comme ça. L'hydre me regarde. Le passé est figé.

Je prends la main de mon frère, mais il la retire aussitôt. Il ne veut aucune commisération de ma part. Il ne veut pas non plus de mon regard effrayé.

Je lis : « Non. Je ne souhaite pas porter plainte. Cette histoire ne vous regarde pas. » Tout se brouille. Profond soulagement et immense déception. L'hydre se déchaîne.

*

L'enquête s'est arrêtée. Sous mes yeux, le récit d'un inceste. Et l'enquête s'est arrêtée. Police partout, justice nulle part. Pas la peine de me le rappeler.

L'un des flics a tout de même tenté de se faire mousser. Des journalistes ont été informés. Coups de fil, vibrations, coups de fil, vibrations. Les parents à Sanary, en premier, ont été prévenus. Ils nous en ont fait le procès : « Salauds ! Vous avez tout balancé. » Nous, estomaqués : « Pas du tout, maman, Victor a été convoqué. Il n'a rien demandé. » La voix de ma mère au téléphone est une nouvelle condamnation. « Je hais votre perversité. Tout le monde maintenant va être au courant. » Je préviens Victor, qui réagit immédiatement : « On doit avertir Luz et Pablo. Il faut absolument qu'on leur dise avant que ça sorte. » Victor insiste auprès de ma mère : « C'est à leur père de leur parler. »

J'essaye d'expliquer à Nathan et Lily pourquoi je pleure souvent : « Marie-France est morte. Je ne m'y attendais pas. Je ne peux pas vous dire comment. » Je me dis surtout que, si ces journalistes insistent, c'est Bernard qu'il faudra bientôt prévenir.

*

Victor m'appelle un matin : « Colin et toi allez être contents, je suis obligé de le lui dire, maintenant. » Et puis il se radoucit : « Bon allez, j'y vais. » Une heure plus tard, il me rappelle : « C'est fait. Je vais me balader. Là, je n'ai pas envie de te parler. »

Le soir même, Bernard me convoque. Le soir même, Bernard me fait peur. Je sais son courage physique. Toute sa vie il a su se défendre. À Colin, il dit : « Je vais lui péter la gueule. » Et, ensemble, nous tremblons qu'il le fasse vraiment.

J'explique à Bernard qu'il faut se taire. Je reprends les mots de Victor, j'y ajoute du droit : « C'est toi qui iras en prison, tu comprends ? » J'utilise le propre vocabulaire de mon père et tente de le convaincre par tous les moyens : « Il faut avancer. Tu dis toujours qu'il ne faut pas regarder en arrière, papa. Victor ne veut plus en parler. Il faut avancer. »

Pour une fois qu'il m'écoute, je sais que je vais le regretter.

L'une des dernières fois que j'ai vu ma mère, c'était en 2011, à l'enterrement de Marie-France, à Sanary. Lieu du beau-père et de son cousin. Lieu des maris.

Yeux bleus cachés. Lunettes de soleil-paravent, lunettes de soleil-pare-feu. Interdiction de nos regards échangés. Baisers fâchés. Un « Bonjour » mou et deux bises sur la joue. Je suis glacée.

Un « Bonjour » mou mais une douceur de fou. Douceur de ses joues. Son odeur. Soleil et cigarettes. Pour quelques instants, je retrouvais ma mère.

Thiago nous avait retenu une chambre d'hôtel, et nous étions arrivés la veille. La vérité révélée signifiait ne jamais revenir dans la propriété. Avoir à disparaître, se cacher. Esseulés. Comme des pestiférés. Dormir loin, de ma mère, de mes petits frère et sœur, de la nouvelle fournée de *familia grande*, pourtant tous regroupés.

Au cimetière, j'ai pris la parole. Sans y être invitée. Thiago m'y avait encouragée. Mots griffonnés le matin sur un bloc de papier. Dire la peine que j'avais. Dire ma tante. Espérer le regard de ma mère et l'écoute de ceux qui savaient.

Marie-France, la seule à nos côtés. Marie-France, la beauté, l'intelligence et le courage. Lui dire au revoir, en caldoche d'abord : « *Tata*, ma tata… Tu me l'as montré : il n'y a pas d'amour, il n'y a que des preuves d'amour. Je vais essayer d'être à la hauteur. »

Évelyne m'a aussitôt conspuée, jalouse, enragée : « Tu es ridicule, tu n'aurais pas dû parler. Paula et Marie-France ne t'aimaient pas. Elles n'avaient pas que ça à faire… L'amour, ce n'est pas ça. »

*

Trois ans avant, ma tante lui avait dit : « Pars. » Ma mère était restée. Ma tante lui avait dit : « Parle. » Ma mère s'était tue.

Et ma tante est morte.

Pas de pistolet, pas de médicaments, cette fois. Elle a été retrouvée coincée dans une chaise au fond de sa piscine.

Marie-France est morte pendant que ma mère me disait : « Marie-France est folle et toi fautive. Si tu avais parlé, j'aurais pu m'en aller. Ton silence, c'est ta responsabilité. Si tu avais parlé, rien de tout cela ne serait arrivé. » Elle ajoutait : « Il n'y a pas eu de violence. Ton frère n'a jamais été forcé. Mon mari n'a rien fait. C'est ton frère qui m'a trompée. »

Après ces mots de ma mère, la colère a grandi contre mes parents et contre moi-même. Enfin. L'hydre a entamé une nouvelle danse. Quelle conne j'avais été ! « C'est ton frère qui m'a trompée » ! Comment avais-je pu penser que ma mère m'aiderait ?

Après ces mots de ma mère, la joie sans efforts a disparu. Pour longtemps. Mes journées démarraient sans que je puisse respirer. Chaque matin, je ressentais qu'il me faudrait, à chaque minute, affronter l'hydre et ses visages abhorrés, la colère née de la honte, la culpabilité, la tristesse et le dégoût de la réalité. Mon quotidien était contaminé. Chaque geste me coûtait, et j'en étais terrifiée. Sortie des bras de Thiago, les face-à-face étaient les pires moments de mes journées. Rencontrer un collègue de la fac. Tomber sur une connaissance dans la rue. Répondre à la question inattendue d'un commerçant. Aller chez le pédiatre pour les enfants. Chaque mise en relation creusait un abîme. J'étais asphyxiée. Tout ce qui exigeait ma présence m'était invivable.

En toute occasion, je préférais m'évader. J'entrais dans une pièce pleine de gens sans jamais oser dire bonjour. Je préférais penser qu'on ne me voyait pas.

Après ces mots de ma mère, j'ai arrêté d'avancer. À la fac, j'ai participé aux leçons d'agrégation de mes copains, j'ai encouragé et félicité, mais je ne me suis rien accordé. J'ai arrêté de parler. Ça ne servait à rien et j'étais fatiguée. Mes copines croyaient respecter ma liberté : « C'est pas très grave, tu as toujours donné l'impression d'être ailleurs. »

Après la mort de Marie-France, la culpabilité, ma jumelle, s'est déployée. Elle s'est cachée, a rusé, s'est métamorphosée, et a tenté de se rendre insaisissable. Elle a pris les traits d'un excès de critique, d'une nostalgie paralysante et vaine, d'une colère mutilante, d'une exigence intellectuelle avortée…

*

Les gens autour de moi, ma famille dans toutes ses composantes, se sont tus. Par pudeur sans doute, mais aussi par manque de courage parfois. Oncles, cousins, amis réinventés n'ont que rarement essayé de parler à ma mère. Personne pour dire à nos parents de nous aimer.

Seuls Muriel, Philippe et Fabienne sont venus me voir une fois, et ont condamné mon beau-père devant moi. Dominique a tenté de convaincre ma mère de nous retrouver pour les vacances. Et j'ai cru comprendre que les enfants de Sanary, toutes générations confondues, Emmanuelle en tête, étaient plus que gênés par le silence de leurs parents. On me dit que certains, ou plutôt certaines, ont décidé de ne plus travailler avec mon beau-père.

Mais, pour le reste, la *familia grande* s'est terrée. Ancienne et nouvelle fournée se sont déplacées comme un ver. Ç'a bruissé, répété, mais jamais ils ne se sont montrés, ni ne sont venus me parler. Ceux en qui j'avais confiance, ceux qui m'ont quasiment élevée ne sont pas venus s'enquérir de ce qui s'était passé. Je ne les ai pas vus s'interroger. Se demander si eux aussi n'avaient pas un peu merdé. Je n'ai vu personne tenter de nous déculpabiliser, venir nous réconforter.

Même après la mort de notre mère, leur silence sera notre prison.

*

Ce silence qui n'est pas seulement de la lâcheté. Certains d'entre eux sont ravis d'avoir à se taire. Un tel devoir atteste de leur appartenance à un monde. Il est une marque supplémentaire et toujours nécessaire de leur identité. À gauche comme dans la grande bourgeoisie, « on lave son linge sale en famille ». Comme chez Mme de La Fayette, la petite société se repaît de toutes les perversités et ne veut surtout pas partager. Même quand il s'agit de crimes, sur des enfants de 14 ans qui plus est. Il faut être dans le secret pour appartenir à la Cour, la *familia grande*, occupée à comploter. Leurs enfants me rapportent certains de leurs mots. Les précieuses disent : « Qui sommes-nous pour juger ? Salauds d'enfants ! Ils s'acharnent sur leur mère. Ils lui retirent ses petits-enfants. Ils sont d'une telle cruauté… »

À l'inverse de ce que l'imaginais, ce que je croyais savoir n'est pas pour eux une responsabilité. Au contraire ! Être dans la confidence est pour les plus faibles d'entre eux un moyen renouvelé de témoigner leur soumission à mon beau-père, l'outil le plus efficace pour prêter allégeance au souverain, lui jurer fidélité. Ce n'est certainement pas par eux que le crime sera révélé. Récemment, l'un d'eux m'a dit, inquiet : « Tu ne te rends pas compte ! Des dizaines et des dizaines de gens sont au courant… » Et j'ai entendu qu'il protégeait son pré carré.

Comme chez Poe, et sa lettre volée. Celui qui détient le secret retrouve une puissance. Notre malheur est leur pouvoir.

*

Depuis la mort de Marie-France, je sais mieux pourquoi je ne peux plus marcher Rive gauche dans les rues de mon enfance.

L'hydre y puise son énergie, se régénère et me torture encore. Impossible d'y maîtriser mon cœur et ses battements enragés. Qu'il m'est compliqué d'aller y déjeuner… J'y refuse les fêtes, où rarement je suis invitée. J'ai l'impression qu'à chaque coin de rue il y a un danger. J'y passe comme une ombre si j'y suis obligée. Puis, quand c'est le cas, je me mets à courir pour des raisons inexpliquées. Parfois parce que j'ai aperçu mes parents, que je crevais pourtant d'envie d'embrasser. Surtout parce que, depuis ces mots de ma mère, chaque souvenir si merveilleux de mon enfance a été torpillé.

Et puis, au fond de mon cœur, cette vérité : j'évite de retourner dans mon quartier de peur de ne pas réussir à ne plus l'aimer. J'évite de retourner dans mon quartier, car jamais, plus jamais, mon beau-père ne m'a reparlé. Lui dont j'avais tant besoin pour exister. Je ne peux pas retourner dans les rues de mon enfance parce que la déchirure entre nous me brûle et que j'ai peur, si je le croisais, que mes sentiments s'entremêlent. J'ai peur de ne pas avoir suffisamment de courage pour le haïr et le lui montrer.

Depuis la mort de Marie-France, je ne peux plus retourner dans les rues de mon passé parce que la perversité me les a arrachées. Comme elle m'a retiré Sanary, à jamais. Je suis interdite de passé. Quel chagrin d'être privée des souvenirs de son enfance, et des gens qu'on aimait.

Après l'enterrement de Marie-France et à l'exception de quelques mails cruels, ma mère ne m'a plus vraiment reparlé.

J'ai pourtant tout essayé : « Maman, je suis en désaccord avec ta vie de femme. Tu ne devrais pas rester avec cet homme. Mais tu es ma mère et ça, je veux le garder. » Elle a tout refusé. Elle a abandonné Lily et n'a qu'aperçu Nathan. Elle n'a jamais rencontré la fille de Victor et pour se défendre a choisi de raconter à ses amis que nous l'avions laissée tomber. Laissée tomber de honte de l'avoir trompée.

Jusqu'à ce message du 11 janvier, six ans après la mort de Marie-France.

Je déjeunais avec Maya. Je n'ai pas décroché. Sur mon portable : « Évelyne Pisier. » Mon souffle coupé. « Tu ne réponds pas ? – Non, non, un jour je t'expliquerai. »

En rentrant chez moi, j'ai écouté : « Bonjour, c'est maman. Il semblerait que j'aie un cancer des poumons. Je voudrais que tu préviennes ton père. »

Je rapporte ce message de mémoire. Il est toujours sur mon répondeur mais je ne peux pas l'écouter. Je n'y arrive pas. Je retrouverais la voix de ma mère et, pour l'instant, je ne peux pas.

Trois semaines plus tard, elle était morte. Asphyxiée.

*

Ma mère m'a appelée le 11 janvier et elle est morte le 9 février. Un peu court. Un peu rapide. Aidée de mon beau-père, la pneumologue l'avait convaincue : il fallait opérer très vite. Avant la biopsie. Avant de savoir si c'était grave.

31 janvier : ma mère n'a pas résisté. Elle a sans doute beaucoup souffert. Elle a crié en se réveillant, alors ils l'ont rendormie. Huit jours de coma artificiel à la recherche de la bactérie à l'origine de son choc septique. Ils n'ont rien trouvé. Second choc septique. Cœur arrêté. Fin de l'histoire.

Pendant ce temps, je téléphonais à l'hôpital. Ma sœur, sur place, me faisait passer les informations.

Mon beau-père, lui, était parti à Paris. Trop dur pour lui d'être là. Trop occupé à faire de la radio, peut-être. Jusqu'à ce que la chirurgienne finisse par lui ordonner de revenir : « Ça va mal, il faut redescendre. » Luz m'a expliqué : « Oui, mais il ne pouvait pas, ne supportait pas. Pauvre papa. »

Bernard s'en mêlait : « Elle boit tellement, c'est évident. Elle fume comme un pompier, elle y restera… », « Non, non, ne vous inquiétez pas. Vous ne pouvez rien y faire. Partez skier avec vos enfants. Ne les malmenez pas ».

Revenir au beau-père, être à proximité de lui, était impensable. Je n'ai jamais pu. Sa présence physique est impossible à supporter. Il était censé être à l'hôpital et prendre tout l'espace. Même ma mère malade, je ne pouvais pas me résigner à l'approcher.

*

Je pars avec Victor, Alice et les enfants. Tous les jours, quatre fois par jour, j'appelle Luz. Parfois, elle me rassure. Parfois, elle m'inquiète. J'essaye d'avoir les médecins. Mais je n'ai droit qu'aux infirmières. Je transmets à mes frères.

J'appelle mon père : « Peux-tu parler aux médecins, puisque visiblement tu es autorisé à le faire ? » Bernard part à Madrid, il rappellera, c'est promis.

La *familia grande* se tait. Pas un appel. La *familia grande* se terre, a oublié qu'on existait. Luz me dit : « Zazie est là. » Je n'ai pas le droit à plus d'informations. J'appelle. En vain, j'appelle.

Jusqu'à cette infirmière, le 9 février au matin. Je dis que je suis sa fille, « si si, je vous jure, une autre fille ». La première, celle que, un jour, elle a aimé.

« Il ne reste plus qu'une heure, votre mère est en train de décéder. »

Quinze jours avant l'opération, Victor m'a forcée à descendre dans le Sud. Quinze jours avant l'opération, mon frère ne m'a pas laissé le choix. Victor est venu me chercher : « Je t'ai pris un billet. On va voir maman. Maintenant. » Boucle bouclée.

Auprès d'Évelyne, Victor avait insisté : « Nous viendrons te voir le week-end prochain. » Elle avait dit non. « Non, je suis trop fatiguée, il me faut de la force pour l'opération. » Elle avait fait appeler notre père : « N'y allez pas, priorité aux malades. Il faut respecter ce qu'elle veut. Moi, le médecin, je vous demande de ne pas la déranger. »

Ce jour-là, Victor a refusé. Il m'a emmenée.

Nous avons dormi à Marseille, à l'hôtel, puis nous avons pris la route. À Bandol, nous nous sommes installés au café, avons appelé notre mère : « Nous sommes arrivés. Nous passons la journée là. Tu peux décider de ne pas nous voir mais nous sommes là. » Au bout d'une heure, ma mère a accepté : « Trente minutes. OK, mais trente minutes seulement. Je suis fatiguée. »

Nous avons repris la voiture. Belle lumière de janvier. Soleil. Sanary, enfin. Direction la mère.

Nous avons garé la voiture à l'entrée de la propriété. Cette propriété de notre enfance, celle du bonheur et de la violence. Marie-France enterrée là, Marie-France si proche. Sa main dans la mienne.

Évelyne est apparue au milieu des mimosas. Toute petite, si petite. Si pâle. Emmitouflée dans son manteau. Ma mère avait tout le temps froid. Et puis son bonheur d'acheter des fringues pourries sur le marché de Sanary. Avec sa sœur. Pulls en pseudo-laine mais surtout en viscose, chaussures confortables de vieille bonne femme. Écharpes en tout genre, retrouvées partout, imprégnées d'*Aromatics Elixir*. C'est vrai que ça ne coûte rien, mais quand on en achète autant !...

J'ai tenté de croiser son regard. J'ai eu tort. « Je me demande bien ce que vous faites là. Je suis ici avec l'homme que j'aime. J'ai de la chance. Il s'occupe de tout. Je reste là. Ne venez pas me voir. »

Estomac retourné. Vide absolu. Respiration coupée.

Victor s'est assis. Et, gentiment, il a dit : « C'est normal qu'on soit là. Tu vas te faire opérer. C'est grave. »

S'il te plaît, maman, ne faisons pas comme si ce n'était pas grave.

Maman chérie,
Ma mamouchka,

*Je me lève le matin et c'est toi que je vois.
Je parle et c'est toi que j'entends. Ma peau
ressemble à la tienne. Tu es dans tout, partout.
Omniprésente. Et je t'aime tant.*

*Mais, maman chérie, ma mamouchka, main-
tenant que tu n'es plus là, qui se souviendra
de nous ? De ces années-là, qui témoignera ?*

*Souviens-toi, maman : Victor t'aimait
tellement, il t'aimait encore plus que moi.
Souviens-toi, Évelyne : il était blond et j'étais
brune. Victor était petit et j'étais grande. Il
était doux et appliqué et j'étais vive et bor-
délique. Souviens-toi surtout : nous étions tes
enfants.*

*Victor est mon jumeau. Il n'est pas mon
double. Il n'est pas mon ami. Il n'est pas mon
amoureux. Il est ton fils et je l'aime plus que
tout. Victor n'est pas moi. C'est comme ça.*

Il me l'a demandé mais je ne l'ai pas protégé. Je n'ai pas su comment faire.

Car jusqu'à ta mort, maman, Victor et moi ne formions qu'un. Je ne ressentais aucune altérité. Son désir était le mien. Son désir et le mien entremêlés, indissociables, inextricables, et pourtant au fond, déjà, différents.

C'est vrai, maman, mon frère m'a dit : « Tais-toi », et, jusqu'à aujourd'hui, je me suis tue. Mais ce silence n'est pas le résultat de ma promesse. Contrairement à ce que tu peux croire, il n'y a aucun pacte, aucun secret juré. Mon silence est le fruit des croyances de l'enfant que j'étais. Mon silence est le résultat de ton effondrement et de la confiance qui manquait dans la maison, maman. Après le suicide de Paula.

Nous étions si petits et vous nous paraissiez si grands, si importants, si essentiels. Comment notre beau-père aurait-il pu désirer autre chose que notre bien ? Qui étais-je pour m'opposer à cela ? Qui se serait tué, cette fois ?

Ce sont les parents qui font taire les enfants. Pas les frères. Pas directement. Votre désir, le tien et celui de ton mari dérangé, pour nous, est une terreur jamais égalée. Voilà mon silence, maman.

Je n'ai pas protégé mon frère, mais moi aussi j'ai été agressée. Je ne l'ai compris qu'il y a peu : notre beau-père a aussi fait de moi sa victime. Mon beau-père a fait de moi sa prisonnière. Je suis aussi l'une de ses victimes. Victime de la perversité. Pervertie, mais pas perverse, maman.

Où étiez-vous ? Que faisiez-vous quand sous vos yeux nous sombrions ? Vous que j'aimais tant... qu'avez-vous fait depuis que vous savez ?

*

Peut-être que, comme tu me l'as reproché, maman, je n'aurais pas dû me taire. Peut-être que j'aurais dû parler.

J'y ai beaucoup réfléchi. Ta condamnation comme le pire des poisons.

Mais au fond, maman, depuis la mort de Marie-France, je chemine et je sais : même si j'avais parlé, tu ne serais pas partie, Évelyne.

Certains diront que tu fais partie de cette « génération »-là. Moi, je crois surtout que tu fais partie de ces « gens »-là.

Tu penses vraiment que j'aurais dû parler ? Regarde-moi, maman : je le fais.

Je prends le risque, même si je ne respire plus. Je m'arrache à Victor. Au risque de le perdre. Au risque de le blesser plus encore.

Mon beau-père m'a fait trop de mal à moi aussi. En s'en prenant à mon frère, il a fait trop de victimes. Frères et sœurs muselés par des parents inconséquents. Oncle, tante, cousins, enfants et petits-enfants. Tes petits-enfants qui ont eu à subir sans comprendre la violence de ton effacement.

Regarde-moi, maman. C'est pour toutes les victimes que j'écris, celles, si nombreuses, que l'on n'évoque jamais parce qu'on ne sait pas les regarder.

Maman, toutes ces années, la culpabilité, la tristesse et la colère m'ont étouffée.

J'avais 14 ans et j'ai laissé faire. J'avais 14 ans et, en laissant faire, c'est comme si j'avais fait moi-même. J'avais 14 ans, je savais et je n'ai rien dit.

J'avais 14 ans et je te mentais, maman. J'avais 14 ans et j'ai sans doute pris du plaisir à découvrir un espace que je croyais interdit.

J'avais 14 ans et, quand on est la sœur, on endosse la culpabilité pour alléger l'expérience du frère, on la fait sienne pour le dégager. On s'emprisonne.

Je serai toujours la mieux placée pour comprendre l'irrationnelle culpabilité de Victor. J'ai vécu avec la mienne, chaque jour, pendant trente années.

Jusqu'à ce que la petite fille alerte et amusée que j'étais se libère de sa mère, et tente d'empoisonner l'hydre en achevant ce livre.

Paris, août 2020

Pour m'avoir laissée écrire ce livre alors qu'il ne souhaite que le calme, je remercie Victor.

RÉALISATION : NORD COMPO À VILLENEUVE-D'ASCQ
IMPRESSION : CPI FRANCE
DÉPÔT LÉGAL : JANVIER 2022. N° 149664 (3045871)
IMPRIMÉ EN FRANCE

Éditions Points

DERNIERS TITRES PARUS